社會學囧很大3.0

看大師韋伯因何誤導人類思維

謝宏仁｜著

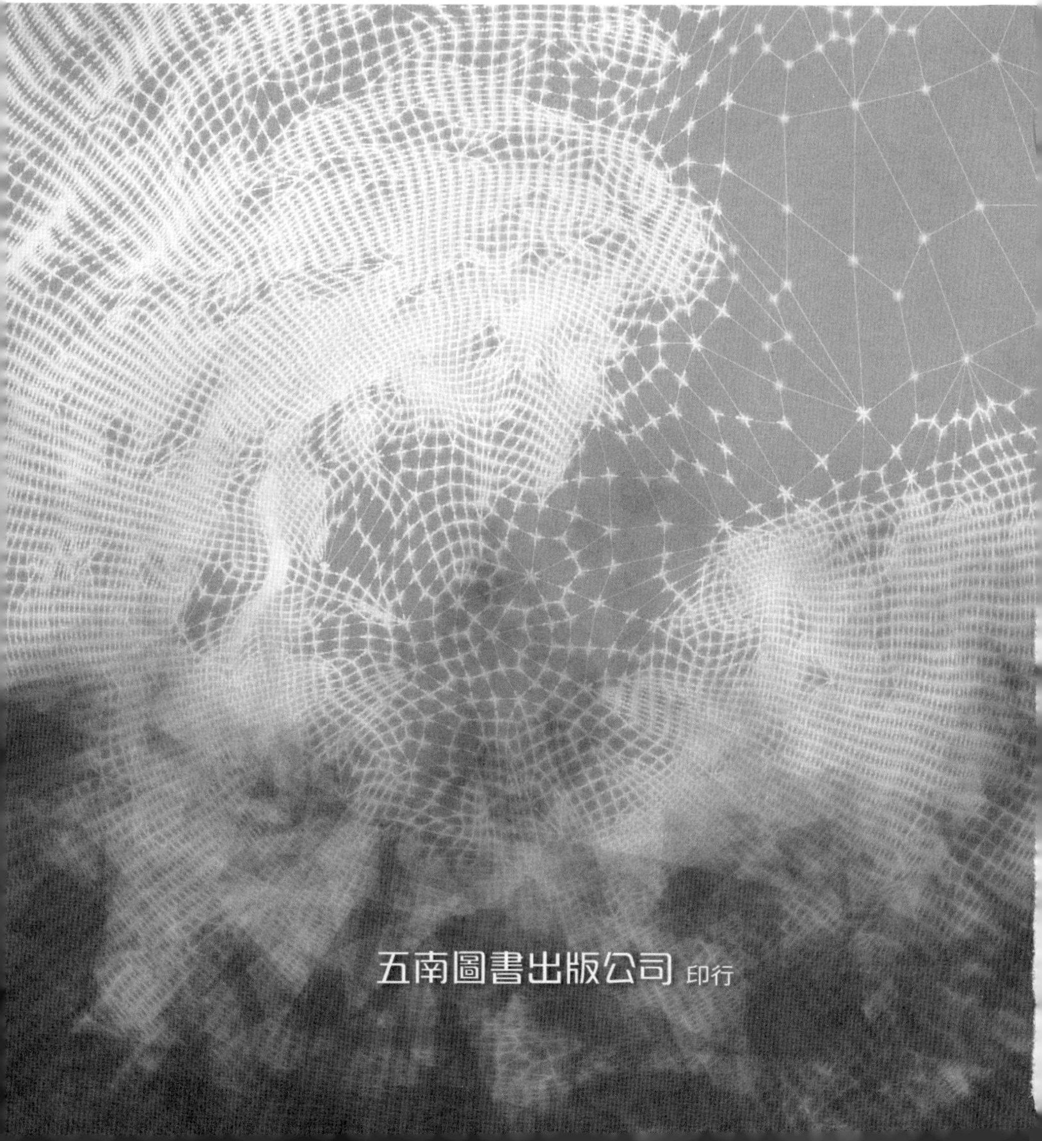

五南圖書出版公司 印行

序言

儒家倫理與知識創新

如果有人想回答古典社會學大師韋伯（Max Weber）為社會（科）學留下什麼重要遺產的話，那麼，拜讀過其大作的人至少應該會同意以下說法，那就是，由於有一群人恪遵某種倫理，因著他們的主觀意識，構成某種社會行動，進而使社會變遷成為可能。

儒家倫理曾經被視為「傳統」，被視為經濟發展的絆腳石，只消加以摧陷廓清，經濟改革就能獲得成功。實際上，曾經有韋伯學說的支持者主張中國經濟改革得到成功的主因，乃在於「傳統」的束縛被解開了。乍聽之下，像有幾分道理。設若我們將儒家倫理強調的——也可能是最重要的——師生關係，也就是「尊師重道」視為知識創新的阻礙的話，好像也可以套用在韋伯的想法上，此話怎講？我們可以將學生的「尊師重道」當作一種程度的問題，而非只是全有或全無。也就是說，如果堅守這個倫理，那麼在課堂上就不太可能為了某一論點而與師長爭得面紅耳赤；如果一群人——相信韋伯（及其粉絲們）對此會感到興趣——或者一大群人都抱持這種想法，那麼，這種「尊師重道」的倫理將阻礙知識創新，而新創知識在二十一世紀這種知識經濟的時代其重要性可說無庸置疑。是故，只要消除「尊師重道」這樣的倫理，那麼知識創新的能力自然增強了。是這樣嗎？或許如此。但我們先談點別的。

依稀記得一九九六年五月時，那時候，是筆者謝某進入紐約州立（賓漢頓）大學（Binghamton University, State University of New York, SUNY）社會學研究所的第一個學期末，剛好趕上了Linda Arrigo（艾琳達）的畢業典禮。在典禮之後，在她居住的地方舉行了餐會，餐會上，其論文指導老師——後來也指導筆者謝某——Mark Selden（薛爾頓）教授，在閒談時，他說：「Students should surpass teachers.」（「學生應該超越老師」）。如果說，這是西式教育中師生關係的特色，相信反對者應該不多才是。

另一種師生關係，在東亞應該可說源遠流長、歷史悠久，這種關係應該與方才提到的儒家倫理有關（也許與填鴨式教育有關，也許是兩者交互作用下的產物）。換句話說，相對於西方世界，在東亞地區，師生關係與儒家倫理的「尊師重道」較受到強調，學生是否能超越老師則較不受注意。在強調「尊重師長」的前提下，我們很難看到學生在上課時與師長爲某個議題意見相左而爭執不下。如果再加上因爲考試過多，能否寫出「標準」答案而獲取高分勝於一切的話，那麼，老師的權力頓時增添不少，故此，沒有幾個學生願意爲了發掘「眞相」（或「眞理」）而甘冒得罪師長、甚至被當的風險，而在課堂上堅持己見。筆者認爲，韋伯的支持者應該會認同以下的說法，那就是：儒家倫理阻礙知識創新。

本書當中，我們將會看到儒家倫理當中「尊師重道」的高貴情操，竟然導致學者們與師長的想法歸趨一致，使兩者間看法的差異漸趨消弭。這是否在暗示我們，排除了「尊師重道」這種倫理之後，知識創新自然而然就會實現呢？答案是如此簡單嗎？似乎不太可能。

然而，韋伯及其支持者（包括狂熱粉絲）似乎會支持上述看法。當然，筆者謝某對此不以為然，因為除了某種倫理之外，我們不能假定其他因素——像是教育、產業、移民政策、人才培養，與地緣政治等——毫無重要性。簡言之，具有說服力的原因不光是具備某種倫理就能導致某種（研究者想要的）結果，一如韋伯所遺留下來的「智慧」那般。但不可否認地，部分或者全盤接受韋伯的想法，對於大多數很忙的學者來說，其實還是有相當吸引力的，而這就是問題所在。

筆者謝某認為（但未必期待），無論日後它將發生在哪個面向都好，請務必記得：「超越你的老師」。遵守儒家倫理的「尊師重道」與否和「知識創新」這兩者並沒有直接關聯，就像是我們已討論許久的「新教倫理」與「資本主義精神」之間的關係那樣，即使它們之間存在著所謂的選擇性的親合關係也是一樣。

還記得，對於筆者謝某的指導老師Selden的問題，當時，沒有能力思考太多的我——至今也好不到哪裡，回答說：「I will surpass you.」（「我將會超越你〔Selden〕」），這句話很自然脫口而出，顯然這句話用英文表達起來簡單一些，謝某可以運用自如。

這本書，也就是《3.0》得以完成，要感謝的人仍然與《1.0》、《2.0》相差不多，看起來似有一個專業的團隊正在形成，只是，成形的同時，也是結束的那一刻，因爲這些年來，謝某爲了滿足「對付」韋伯這樣的虛榮心，可說是筋疲力盡，最後居然還得利用「知識創新」這張精美的包裝紙來隱藏筆者的私心，話說回來，這種心態，恐怕連社會學系的學生借用韋伯的「瞭悟」方法學都難以理解我眞正的動機。

最後，筆者感謝廖育信博士這十年來的協助，沒有他，才疏學淺的謝某只能對自己的拙劣文筆嗟嘆不已。五南專業編輯群，包括副總編劉靜芬、責任編輯林佳瑩、美術編輯姚孝慈等人的努力並未時常被筆者提起，實際上應該得到更多掌聲才是合情合理。內子淑芳與兒子耘非的陪伴自是不能遺忘，沒有這些，平淡樸華的人生總好似有些欠缺。

謝宏仁
輔仁大學羅耀拉大樓三〇二室

目次

導論　韋伯熱的餘溫

我們經常尋著餘溫，追溯著當年對某事物的熱情，這是一種可貴的情感，無論是對於自己的嗜好、娛樂，或專業；或者，它存在於親人之間、戀人之間，或是師生之間。人生好比歷史，無法重來，無須後悔，但可以修正，因爲觀點不同、目的不同，解釋也就不同。即便是老調重彈，旋律之中，可能試著在訴說另一種心情，而這在過去是不可思議的。當年，我們一直以爲那種熱情不會是浪費，即使是落寞時刻的回首，都是如此，無論當時自己是多麼年少輕狂。有一天，身體感受著漸涼的溫度，遙想當年追求「眞理」所產生的熱情，卻不勝唏嘘，因爲不曾有人告訴我們，餘溫也好、熱情也罷，都只是因「權力」而起的化學反應，而這芬芳、這溫暖，來自一杯已經見底咖啡的餘韻，淡淡飄出一縷香氣。

談起社會學，少有人質疑古典三雄——涂爾幹（Émile Durkheim, 1858-1917）、馬克思（Karl Marx, 1818-1883）和韋伯（Max Weber, 1864-1920）——的學術地位，主因是學者們認爲這三人在社會學天地裡爲各自的經典著作貢獻其才華，無人出其右。除此之外，他們的論點，其個人魅力，以及學術界流行的著書立說，在在影響他們的學術地位。

台灣的學術圈子不大，但是，倒也流行過幾位學者的學說，例如，自一九八〇年代開始，社會（科）學就沉浸在一股「韋伯熱」的氛圍之中，至今仍未消退。即便經過三、四十年，學生仍舊只能在那股熱情的餘溫中學習，甚至還有人退而不休，內心緬懷著過去的榮景，思考著若能在餘溫之中增添好些柴火以便提高溫度，也許還能再吸引幾位學生，同時爲自己的學術成就加個幾分。不過，餘溫最好還是讓它順其自然地冷卻，因爲過去的熱情極有可能用錯地方，而這與西方知識體系有關，也與東方的儒教倫理有關。

當「儒教倫理」遇上「西方知識體系」時，一種殘留著的、殖民性格的學習心態便油然而生，而且，這幾乎是在不自覺的狀態底下發生。此話怎說？首先，儒家思想強調不同角色之間的三綱五常，像是（帝制時代的）君臣之間，以及夫婦、父子、朋友，與義務教育普及之後的師生關係等等。儒家思想認爲「師者，所以傳道、授業，解惑者」，這是老師該做的事，而學生則應該「尊師重道」，雖然學生「遵守」的程度有所不同，不過在社會上，仍然認爲學生對老師的態度應該要保持著某種敬意，畢竟俗話說「一日爲師，終身爲父」。於是，因爲這是程度的問題，所以，或多或少的學生對「尊師重道」仍是抱持著肯定的態度。然而，問題在於，老師與學生之間存在著「權力」關係，如果「眞理」需要愈辯愈明的話，那麼這種「權力」應該會影響、甚至阻礙到「眞理」的追求。

換句話說，人們希望「眞理」——自然科學與社會科學都如此——會經由辯論而獲致，那麼，倘使儒家的「尊師重道」被過度遵守（或許再加上塡鴨式教育的「猖獗」），學生相當容易認爲老師的看法就是「正確無誤」，則「權力」與「眞理」二者之間將緊密連結，而無人加以挑戰，形成這樣的知識以老師說了算，學生只能將它（們）塞進肚子裡。相似的情形也發生在西方知識體系，雖然原因不同。實際上，所謂的「東、西方歷史比較研究」，可能是最好的例證，用來說明「權力」與「知識」兩者實爲一體的兩面，我們的主角韋伯剛好是這方面的專家，向來韋伯的專家地位被視爲理所當然。當論及歷史比較研究時，無可避免地會觸及西方的崛起，與東方的衰弱，此議題的「解答」，對於西方而言，時間點似乎是愈早愈好，最佳「解答」在一四九二的地理大發現，剛好在（即將「停滯的」）大明帝國派遣鄭和下西洋的數十年之後，如此一來，西方領先東方將長達五百年；對於東方（中國）而言，愈遲被西方超越，面子可能更容易掛得住，因此有人說在十八世紀的工業革命之後，也有人主張是在鴉片戰爭後的十九世紀中葉。不過，更多的學者卻——弔詭地且日後將難爲情地——因爲不懂歷史，再加上對自己的過去沒有信心，以致呼應西方知識體系，竟然選擇支持西方學者所主張，西方自十五世紀末開始領先並主宰全球。筆者認爲，這與近代西方在世界經濟體系處於優越地位有關，西方學者有「權力」書寫，乃至詮釋有利於自己過去的事件，但萬萬沒有想到，竟然獲得非西方（東方，特別是中國）知識分子的大力支持。揆諸「權力」與「知識」乃是一體的兩面，西方人決定東方人應該知道什麼與不應該知道什麼。

近現代西方領先其他地區，這無庸置疑。但到底是哪些因素讓西方逐漸興起？原因眾說紛紜，包括帝國主義、殖民主義、重商主義，或者有人——最知名者即爲韋伯（Max Weber）——乾脆就直接用資本主義（及蘊含其中的「理性主義」）來加以概括。這些都是爲了回答「西方爲何成爲今日的西方？」或者「東方爲何成爲今日的東方？」如果說這些近似的問題，是東、西方歷史比較研究最重要的議題也不爲過。上述這些問題，當然會引起大師韋伯發自內心的興趣，具體而言，韋伯終其一生對「西方現代爲何成爲西方現代？」感到一種難以抗拒的誘惑，是故毫無疑問，韋伯仍會是我們的主角；其詮釋者、支持者，與狂熱粉絲，也將會在這本書裡扮演重要角色。關於韋伯的說法，我們應該早有若干理解，但略爲重述應該無妨，其主要論點是：十六世紀歐洲宗教改革之後，新教徒因爲救贖的觀念、內心產生的緊張性，再加上追逐利潤被視爲榮耀上帝的主要方式（之一），於是社會上各個層面的理性化次第展開，資本主義在歐洲於焉誕生；理性主義也應運而生，並且其他地方也找不到類似者，因爲韋伯告訴我們，這是西方獨特之物。此外，在資本主義誕生之後，相信還得花上一些時間，才能呈現出西方領先東方（中國），但至少部分因爲大師韋伯的加持，層層加碼的結果，西方領先五百年的說法甚囂塵上，大家也就更視爲理所當然了。

所以，當儒教倫理遇到西方知識體系，我們還能期待有什麼事會發生？在儒家「尊師重道」的倫理信條的大纛之下，讓人懷疑有多少學生冒著對老師「不敬」之風險，在課堂上爲了區區一個論點的看法不同於老師，而傷了和氣？相信應該不會太多，因爲這種行爲「背離社會期待」。所以，面對強大的、架構完整的西方知識體系，儒教倫理所培養的、未來的「士大夫」們，除了「接受」之外，再無其他選擇了。想想這的確有點可悲，特別針對追求「眞理」來說，更是如此。簡言之，在西方知識體系之下，近代西方依恃其「權力」，對於「知識」的生產與傳播，擁有絕對的發言權。並且，我們將會看到，非西方知識分子對此竟未反抗，可能的原因是，其中的大多數者根本也沒能看清眞相。因此，不知不覺中成爲西方知識體系的支持者，間接強化了該體系的穩定性。當然，這框架應要令其磚破瓦碎，也就是讓「餘溫」冷卻吧！

本書的章節安排如下。第一章〈理性的船航行在歷史的海〉討論高承恕教授的論點，高教授是台灣一九八〇年代「韋伯熱」的推手，當年，在他所任教的東海大學社會學系可說是社會（科）學最熱門的科系，從北台灣南下的學生只爲一睹高承恕教授的丰采，當年他爲學生帶回「現象學的社會學」，在實證主義掛帥的一九八〇年代，高氏讓學生嗅到了不同的學術風味。另外，高教授亦可說是結合社會學與歷史學的先驅。第二章〈走進歷史也就走出困境〉談論所謂社會學的難題，也就是「行動—結構」之困境。具體而言，在方法學上，韋伯有兩位，一位是「行動的韋伯」，另一位則是「結構的韋伯」，前者極容易落入心理學的化約論，後者則必須進入歷史的實質研究，偏偏社會學家又沒有時間研讀歷史，以致產生所謂的「困境」。本章仍以高承恕教授爲討論的開始，輔以其學生之探討「兩位韋伯」的文章，從而獲得啓發。筆者覺得，這兩位韋伯均缺乏說服力。

第三章〈無關緊要的明朝〉，主要討論的是華裔歷史學者黃仁宇，他也是明史專家。在其作品中，有幾本是暢銷著作，影響力頗鉅，並且他似乎將明朝視爲一個不甚重要的朝代。然而這與歷史事實不符，不過，卻符合西方知識體系要人們相信的論述。另外，雖然黃仁宇先生在其書中並未論及韋伯，然而，字裡行間卻可以清楚看出黃氏的論述，可說是完全附合韋伯的說法，讓中國從「停滯的」明朝開始就落後於歐洲。這頗讓人感到遺憾。第四章〈演技派韋伯的造型設計師〉檢視了世界級韋伯專家施路赫特（Wolfgang Schluchter）對於韋伯學說的看法，另外，我們也會看施氏在台灣的兩位弟子，顧忠華教授與林端教授對於韋伯學說的最新銓釋。我們將會看到以下結果，那就是：韋伯之所以成爲一個世紀以來如此重要的（古典）社會學家，主因在於韋伯的信仰者乃是傑出的造型設計師。或許，韋伯原先未必有成爲大師之意圖，然而，可能因爲某種「錯誤」發生，導致韋伯莫名其妙地被拱爲古典社會學三雄之一。最後，總結本書的研究發現。但在結束之前，筆者謝某還有關於溫度的看法，想要分享。

我們對於溫度——特別是餘溫——似乎有種浪漫情懷，但也許這應該有終止的時刻。向來我們習慣於存留美好時光的回憶，似乎只有這些璀璨歡愉的事物才能存留在心田之中。對於「餘溫」，我們總是直接聯想到在寒冷的冬天，被窩裡的熱度，暖到人的心坎上；在凜冽的寒風裡，啜飲而盡的咖啡，飄著令人著迷的香氣。這就有點像是，人們總是說「有夢最美」，究其根源，只是因爲現實生活總是讓人覺得無奈。那麼，「餘溫」是否也在提醒我們，此時應該是面對現實的時候了，現實總習慣用冷色系來呈現自己，讓人敬而遠之；相較之下，餘溫的暖色調更讓人覺得舒服些？我想應該是的。

而這「韋伯熱」的餘溫，是否在暗示我們，無須過度美化當年社會學界裡的那股引領年輕人的思潮，因爲順著潮流走，未必能找到正確的方向。筆者謝某害怕眞是如此。

第一章　理性的船航行在歷史的海

數百年前，有一艘名爲「理性」的大帆船，曾經航行大西洋之上。有人說，這艘船無法在其他的洋面上航行，因爲上面的水手們都來自歐洲，他們並不熟悉那一片更大海洋上的潮流、風向、雨勢，與指引方向的星座。當時，流傳著一種說法，在那一片巨大且看似平靜的洋海上，反而容易迷航或遇到船難。但只要這條「理性」的帆船不駛離大西洋，那麼歐洲的船長與水手們閉著眼睛都知道如何回家。後來，有一位膽大包天的船長，將這船駛離大西洋，他便發現，大西洋、太平洋，與印度洋，都是相通的，海水也從這一頭流到那一頭。那麼，既然命名爲「理性」的船，又怎麼可能只在大西洋上航行呢？

高承恕教授於一九七〇年代所撰寫之〈社會科學的特性——一個現象學的探討[1]〉，該文當年刊登在《哲學與文化》期刊上，這篇文章可以大略地告訴我們高教授當年在台灣社會學界所發揮的影響力。筆者認爲，當時，社會學界在主流的實證主義思潮下，高教授所帶回來的，可以說是另外一種思維方式，幾乎是前所未聞的。該文主要探討社會科學的特性，以及和自然科學是否存在著本質上的不同？當時，高教授有感而發，認爲台灣社會科學過去將近三十年（指二戰之後至一九七〇年代）是跟隨美國的路數。在實證論與行爲主義的支配之下，在研究的對象上，實證論者與行爲主義者都認爲「只有感官能觀察到的行爲才是眞實的」，那些不能用感官經驗到的則屬於「不科學」或者「無認知意義」。如此，人的意識層面無法被顧及。然而，因爲人類的行動同時包括「意識與動機」的層面，如此，每一行動對行動者都有「主觀之意義」（subjective meaning），眞實的社會是行動者不間斷地「建構的過程」（ongoing constructing process）。既然社會實體是這樣，那麼，研究社會現象最重要之處，並非找到像是自然科學般的因果律則，而是「掌握在這動態的社會過程中人類行動的意義[2]」。簡單說，與自然科學不同，社會科學關注於行動者的內在意識，研究者必須擁有詮釋行動者的意識與動機的能力，高教授正是將這種「詮釋社會學」介紹給台灣學界的重要人物。

所幸，意義並非「純然是內在不可溝通的」，雖然個人的動機與他者並非完全相同，然而，人們透過「日常生活中與他人所共享的社會與文化世界、他人的動機，以及其行動的意義遂成爲互爲主體的」，因爲人與人之間經由互動所形成的「文化社會的網」，於是「個人主觀的行動意義遂可與他人交通，進而被瞭解」。筆者認爲，這是「詮釋社會學」基本的想法，其支持者必須說服自己與他人，個人主觀的行動意義乃是可以被瞭解的。只是，這種「瞭解法」並非是科學層面上的方法，而是「日常生活中的一種經驗形式，一種常識性的解析（common sense interpretation）」，因此，個人生活中的「誤解」同樣也會三不五時地發生[3]。

在解釋「意義的互爲主體性」時，高承恕使用「V」的象徵，在二戰時期，它代表著「勝利」，但一九六〇年代美國學生運動時則代表著「和平」，因此，「個人行動的主觀意義」能爲他人所共享、理解，就是因爲「共同的社會文化環境」。是故，他提醒我們——希望他的說法也適用於韋伯——如果可能，在研究時儘可能地要進入當地。他繼續談道：「我們假如不瞭解當地的社會文化，對於語言、動作所代表的動機與意義便無法確切的去掌握。但是我們若在該地居住一段時間，進入他們的社會文化，遂能破除隔閡，瞭解他們行動的意義[4]。」筆者覺得，他所言者其實是個理想的狀態，真實的情形可能是，即便研究者在當地long stay，住上一段不算短的時間，都無法保證能完全瞭解當地的社會文化。更何況是某些研究者不僅未曾到過其研究對象所居住的環境，也未曾花點時間學習當地的語言，韋伯這位東、西方歷史比較研究的大師級人物，對於他主要研究的對象（中國）不正是如此嗎？是故，筆者既相信也期待高承恕教授（有一天）會在某處告訴我們，韋伯應該無法掌握中國人的語言、動作等等所代表的動機與意義，因爲韋伯不可能瞭解中國（某地、某地區）的社會文化。不過，我們的期待不僅會落空，而且，我們將會發現他對韋伯的學說竟然還讚譽有加！

社會學古典三大家之一的韋伯（Max Weber）正是「詮釋社會學」的代表性人物。可想而知，在當時，高承恕教授對於韋伯學說的瞭解可說是無出其右者。想必韋伯和高承恕教授都是如此，畢生最關切的問題是「西方爲何崛起？」，這個問題引發極大的討論乃至對辯，時至今日都是如此。韋伯告訴我們，西方因爲資本主義而領先，但資本主義只誕生在新教徒聚集的西歐。因爲宗教改革、宗教的世俗化，教徒追求利益的動力不再受阻，得以完全釋放。接著，社會上各個層面也開始理性化，即使（可能）與宗教改革的原意相行漸遠。在「理性化」的過程中，西歐累積第一桶金，並且持續不斷地投資，錢滾錢、利滾利，生生不息，於是西方遂（上升）成爲今日的西方；同時東方由於停滯不前，逐漸（下降）成爲今日的東方。對韋伯而言，西方是獨特的，因爲新教倫理與資本主義的關係密切，並且新教倫理這種經濟倫理在其他地方無從尋覓。所以，除了西方之外，其他地方當然無法發現資本主義，即便有，也將是殘缺不全，不像西歐的資本主義那樣完整。

筆者覺得，高承恕教授大致上贊成上述韋伯的說法，或者粗略推估至少有十之八九！以下三個證據或許能夠證明高承恕教授對韋伯論點的支持程度。首先，他提及韋伯問題的重要性，他說：「在社會學裡，有關現代資本主義興起的問題，大概是被討論得最多而又引起爭議最多的問題之一……如果我們進一步去探討，便不難發現此問題之重要性，是有其深刻之原因的。對近代西方而言，現代資本主義之出現及發展，正是促成西方成爲今日之西方的主因……更重要的是，典型的現代資本主義僅在西歐出現[5]。」

其次，論到韋伯一生中最關切的問題：西方爲何崛起？那麼，高教授就得先提到韋伯關於經濟倫理如何讓資本主義精神得以擴展開來，他說：「基督新教的倫理雖然源自宗教的動機，但其現世的制慾（制欲）精神，以及視工作爲神聖的態度正好能夠配合自中古以來市中新興的市民或中產階層（civic strata）的利益[6]……正因爲它是積極而入世的，這才在現世生活中將城市中產階層的經濟活動與倫理結合……從這個觀點來看西方**現代主義**（粗體爲筆者所加）的興起便是西方社會經濟史一個相當**獨特的**（粗體爲筆者所加）（unique）發展[7]。」雖然，我們還不是十分清楚西方城市的中產階級，其活動是否都與經濟倫理緊密結合，但本段落中的某些字句，的確與上一段「西方近代發展上的特色」之義頗爲相近。可以這麼說，高氏堅信西方現代主義是西方社會經濟史中一段極爲「獨特的」發展，在其他地方所無者。當然，這也是熟知韋伯學說的學者們能一眼看出的，高承恕教授應該是韋伯學說相對早期的粉絲，至少在資本主義（理性化）起源這個問題上，如他所言：「實際上，我們如果從歷史來看，西歐的『理性化』過程既是一個多方面理性化的集合，它根本就是人類歷史文明發展的異數[8]。」

第三，當高氏論及「新教倫理、非人際化（理性化之一部）與資本主義」一議題時，他提及韋伯在其《經濟與社會[9]》兩冊巨著裡，韋伯對於政治、法律、經濟、階級、宗教，與城市這些不同面向之間的關係做了長期的歷史觀察。高承恕教授說：「簡要而總括的〔地〕來說，在這些不同的面向裡，一種以理性計算為基礎的市場經濟的發展，以羅馬法為基礎的形式法律的制度化，以形式法律及程序為基礎的理性法律的統治，科層組織的發展〔等等〕……可以說是韋伯所勾畫出西方近代變遷的主要取向……在這些發展的背後……有所謂的一種『理性化』過程貫穿其中[10]……」。這段話告訴我們幾個近代西方（才有）變遷的要因，包括我們熟知的「理性計算」（或大略地說是「理性（化）」之一部）、形式理性的法律，以及科層組織[11]。看起來，高承恕只是以另一種方式複述韋伯的觀點，這也說明他同意韋伯對於西方變遷的觀察與解釋。但無論是最為籠統的、發生在社會上各個層面的「理性（化）」，抑或具體一點的形式理性的法律，乃至（法理型的）科層官僚體系，這些其實都是「理性化」之一部，並且韋伯還告訴我們，這些乃是西方社會所獨有的。至少高承恕教授在西方近代的變遷與西方為何而崛起這個議題之上，是同意韋伯看法的。

以上三者，讓我們清楚地知道高承恕教授原則上接受韋伯運用理念（類）型——像是新教倫理（儒家倫理）、現代資本主義（經濟傳統主義）精神、理性化（巫術迷信）、科層體制（家長制），與法理型支配（傳統型支配）——來突顯西方社會「獨特的」變遷方向。具體而言，對於理念型，高教授的看法值得一提，他說：「當我們扣緊歷史面向來看，一個『理念類型』的適當性的判準便不是在於其『經驗之驗證性』，也不在於其『普遍的解釋力』，而是在於能否得著有意義之詮釋[12]」。他認爲，韋伯是將社會學與歷史學結合得最好的一位學者，筆者猜想，高教授必然覺得韋伯非常瞭解東方（中國）的歷史，所以，才急欲告訴我們理念型的最佳判準是「有意義的詮釋」，因爲韋伯正是那位「扣緊歷史面向」的不二人選。所以，凡是韋伯運用理念型所獲致的結論，高教授大抵上會同意。然而，韋伯眞如高氏所言，在西方歷史文化脈絡中運用其理念型？還是爲了成就理念型將許多歷史事實擺邊，而專挑符合理念型的「事實」呢？答案恐怕是後者，因爲本書會指出更多被韋伯「忽視」的歷史事實。當然，一百年前，韋伯的確也沒能取得太多中文資料，但如果沒有足夠的資料，好像又不該遽下結論才是。簡單說，高承恕所說「有意義的詮釋」，最多只是表象，只消經過仔細分析，結果應該會讓高教授難以置信。

不過，在解釋高承恕對韋伯學說的洞察力之前，請容筆者再次強調高教授爲當年台灣社會學界所做的一件相當重要的事，那就是：即使當時的社會學界普遍受到服務於自然科學實證主義的強力影響下，高教授仍然爲社會學的後輩們帶回「詮釋社會學」，當年確實給人一種耳目一新之感。以下是本章各節安排，首先，歸納高承恕教授對韋伯學說的洞見，以及對社會學界的幾項重要貢獻；其次，簡略敘述高教授的幾點迷思，包括對於大師與其經典的看法，與未能看出韋伯學說亦受西方哲學「二分法」之影響；第三，「理性（化）」可說是韋伯最重要的一個概念，由於高氏對此概念的解釋仍有缺陷，筆者將證明——不同於高氏之說——「理性」的船可以航行在「歷史」的海。這船的航線並非僅侷限在大西洋，應該包括太平洋與印度洋；最後，高氏讚賞韋伯是一位重視歷史的社會學家，本文檢視其代表作《中國的宗教》一書，看看韋伯的說法是否能在中國的歷史文化脈絡中得到驗證？筆者對此相當懷疑。

高承恕之卓見與貢獻

在本章分析當中，我們將重心置於高承恕教授學術生涯中最重要的一本著作，也就是《理性化與資本主義——韋伯與韋伯之外[13]》。正如高教授的子弟兵所言，高教授在東海大學社會學系任教時，將其大多數的時間用在教學之上，正因爲過於用心學生的教育之上，能拿來進行研究的時間所剩無幾，是故，高教授並非多產作家，其學術著作不是太多，或許這種情況是應該讓讀者知道的。不過，或許可以這麼說，論點專書在精不在多，未必需要著作等身。另外，學術的訓練要我們超越前輩的言思及行，因此，「批評」或「批判想法」的獲致，遂成爲學者難以迴避的成長方式。於是，「得罪」前輩也就在所難免。在討論（或「對話」）的過程中難免讓人覺得有些「囂張」，若這是無可逃避的話，那麼，筆者也只能接受。不過，在「對話」展開之前，也許先談談高氏對於韋伯學說的深刻理解，當然，這也是高氏當年爲台灣社會學界做出的貢獻，說不定正因爲沾了高教授的光，讀者會對筆者留下一點好印象也說不定呢！且容謝某娓娓道來。

第一，筆者先前在《社會學囧很大1.0》與《社會學囧很大2.0》兩書中，花了些篇幅探討韋伯爲後來留下的最爲重要的概念工具——「理念（類）型[14]」，其主要的論點在於闡釋理念型與歷史對話——這是韋伯建議我們努力去做的——之不可能性，具體而言，理念型經由「片面強調」某些事物的特質之後，必然會忽略另一些（特質），然而未經強調之特質未必不重要，只能將「不重要（者）」視爲研究者價值判斷之後的取捨。高承恕教授看出這個要點，他說：「從理念類型進一步抽象爲通則性一般理論，勢必將歷史系絡加以剝落，而這種剝落雖然在表面上看起來是提高了理論之一般性或通用性，實際上卻是對於歷史實體一種扭曲[15]。」簡單說，當研究者愈與歷史對話，愈可能降低理念型的一般性（或通用性），或許韋伯指的是研究者欲建構理念型時，應該藉由與歷史對話來修正（不甚成熟的）理念型，不過筆者認爲，韋伯所指稱「（與歷史）不斷地」對話，恐怕不是任何一個理念（類）型皆能承受得起的。就這個論點而言，高承恕教授對韋伯最重要的概念理念型確有瞭解。

第二個貢獻則是，一九八〇年代高承恕教授自美國返台之後，在反對將自然科學所尊崇的「實證主義」哲學硬生生地套用在社會（科）學的大前提下，高氏爲社會（科）學帶進了「現象學的社會學」，使學生能在實證主義掛帥的學術環境中，嗅聞著「詮釋的瞭解[16]（*verstehen*）」（不少學者稱之爲「瞭悟」）不同的氣息，爲當時的學術界創作出一幅新奇的景象。高承恕解釋道：

韋伯對「瞭解」此一方法論上……韋伯……（同時）具史學家與社會科學家的性格，韋伯的史觀以及對歷史的瞭解是來自其具體而眞實之經驗研究。因之，韋伯對於方法論中「瞭解」之界定，不是視爲一種「將心比心」的移情作用，而是一種**根植於歷史文化脈絡中的詮釋**（粗體爲筆者所加）。換句話說，「詮釋的瞭解」之所以可能，是因爲我們能夠將某一現象置之於其歷史情境中來掌握其意義。若脱離其原有特定之歷史情境，詮釋的瞭解便不可能。這種瞭解，不可避免地具有其片面性，因爲它基本上還是研究者基於其價値關聯上之選擇，從某一觀點，針對該歷史現象之某一部分而發……就方法論上而言，這與……理念類型具有相通之性格，而這種相通之性格源自韋伯對歷史面向之強調……理念類型的運用……能幫助研究者去蕪存菁[17]……。

上述這個長段中，高承恕透露出至少三個頗有價値的看法。首先，清楚指出韋伯如何融合歷史學家與社學（科）學家兩種不同的身分，這可說相當難得，因爲坊間的社會學家，其實並不是很喜歡閱讀歷史，他們可能沒有太多時間，但也可能覺得找到社會的規律、通則更重要些。對於歷史學家這個角色，韋伯的確花費不少心思在歷史文獻上，即便當時，他所能掌握的中文資料應該不是太多[18]。對於社會學家這個角色，韋伯最著名的概念工具「理念（類）型」，這裡，高氏爲我們引介「詮釋的瞭解」，這是一個韋伯頻繁使用的方法論。可以想見，高氏當年在講解此方法時，在校園間風靡一時，這倒是筆者終日夢寐以求而不可得者。

其次，我們得小心點，因爲簡單的移情作用，也就是「將心比心」，不能將之等同爲「詮釋的瞭解」。基於善意，高教授這樣提醒我們。蓋後者是一種奠基在對於特定的歷史文化脈絡有著深刻的理解時，方爲可能。換句話說，假若不是對某地區、某族群之歷史背景相當熟悉，那麼，所謂的「詮釋的『瞭解』」不僅不能完成，而且，研究者可能在「誤解」的同時，還大言不慚地宣稱自己已經完成「詮釋性」的「瞭解」。若再加上全球有著難以計數的頂尖學者在回國之後，爲韋伯背書，一方面誇耀這種「詮釋的瞭解」之優點，一方面三不五時強調著韋伯是在（西方）歷史文化脈絡底下進行所謂的「詮釋的瞭解」，再加上韋伯是古典三大家的大師級地位，其所撰寫的隻字片語幾乎都成爲至理名言，那麼，這世界上還能剩下多少學者能夠且願意（冒著得罪成千上萬的韋伯粉絲）去撰寫批判韋伯的專書呢？筆者猜想，除了「囂張」的人之外，這種人應該不會太多。

再次，於筆者前著曾經分析過理念型當中「片面強調」的特性相近，詮釋的瞭解與研究者價值關聯的選擇，以及其價值判斷有關，有其片面性，難以窺歷史之全貌。高承恕所言不假，在方法上，這是從某個觀點出發，針對歷史現象之一部進行探究，高氏留意到「詮釋的瞭解」與「理念（類）型」之間的共通性，並認爲這與韋伯所強調的歷史面向有關。不過，上述段落的最後一句話當中，「理念類型的運用……能幫助研究者去蕪存菁」，高承恕對「理念型」抱持很高的評價，這倒是筆者不敢苟同的部分。總而言之，上述高承恕討論「詮釋的瞭解」這一段話，至少有三大要項值得特別關注。可以說，高氏的三大卓見爲台灣社會學界做出第二個貢獻。

高承恕做出的第三個貢獻，是關於多元面向的分析。韋伯最關心的問題是西方爲何崛起？不少學者——包括筆者謝某——認爲，新教倫理是促成（西方）資本主義產生的主因。當然我們十分清楚，韋伯是從行動者（一群新教徒）的內在動機的分析爲起點而開始研究，這可能讓人產生誤解，認爲韋伯的論點落入了心理學的化約主義。然而，高承恕認爲，新教倫理僅僅「是資本主義發展的倫理前提條件而不是物質前提條件」，高氏繼續說：「甚至我們可以進一步的說，新教倫理只是精神倫理的一部分，其他希臘文化以及羅馬文化的遺產，一樣對精神倫理有重大貢獻[19]。」筆者認爲，高承恕所要表達的，其實是韋伯在《經濟與社會》中對於政治、法律、經濟、階級、城市，與宗教之間「結構性及歷史性的分析[20]」。筆者相信高氏這個論點，這同時也是所謂「行動的韋伯」、「結構的韋伯[21]」之論辯，高氏欲藉此來說明韋伯並非如學者所言，只關心行動者動機，事實上，韋伯同時也關心社會結構的問題。縱使筆者曾經著書討論，業已察覺韋伯並非一位傑出的歷史性與結構性之分析者。不過，數十年前，高教授能在大多數學者（包括謝某在內）傾其心力於「行動的韋伯」身上的時候，他願意挺身而出，為「結構的韋伯」發聲，可說是難能可貴。因此，筆者覺得，高教授為我們留意到韋伯所提出的問題——西方為何崛起？不僅只是單從某一種經濟倫理所能解釋，這可說是想當然耳。

除了上述的幾個比較大貢獻之外，就筆者觀察，高承恕教授尚有些頗值得一提——相對而言可能是優點，但不是那麼確定——的論點。當然，我們只能討論其中幾個，而無法逐一陳述。首先，高氏認為「韋伯深知新教本身本來就不是一統的教會組織形式出現……各教派之間有相當大的差異性[22]」（難怪十七世紀荷蘭有一部分的、道德感較低的新教徒選擇以販奴來累積財富）。其次，高氏提醒我們，韋伯不可能從各個教派歧異之教義來處理，是故韋伯所談者乃為一「典型的」（typical）、「制欲的」（ascetic）新教，這一望便知是理念型運作下的結果，於是他提醒我們「更要注意的是在新教倫理產生的實際效果[23]」（例如，十七世紀篤信新教的蘇格蘭卻是英國貧窮之地）。

再次，高教授經常以「長期文化史的角度」來觀察韋伯所言，因此，他一再提醒我們，他說：「新教……倫理僅是在某一個歷史階段中影響了西方在轉向近代的一個重要內在因素而已」。我們其實「不能誇張新教倫理對資本主義興起的決定[24]」（誇張的應該是韋伯本人，他告訴我們，在世界其他角落找不到像新教的經濟倫理，更是不可能看到資本主義）。最後，高教授明確指出，發生在「新教改革之前，在北義大利地區，資本主義已有相當高度的發展。然而，這種發展是具有資本主義的形式，卻缺乏資本主義精神[25]」。（聽起來，還眞像富裕的明清江南地區資本主義萌芽隨後卻又凋萎的說法！）雖然，高承恕一方面說北義地區在新教改革之前，資本主義已經高度發展；另一方面卻又自相矛盾地說，這地區苦於沒有資本主義「精神」，所以後來發展得不好了。然而，方才所言前一個「優點」，高氏豈不是說「新教……倫理僅是……一個重要內在因素而已」，但這裡卻又說沒有了（某種）「精神」的話，再高度發展的資本主義也將成事不足，故此新教倫理又重要起來了。但是，爲了補充高教授對社會學界的三大貢獻，於是，我們找出四個「優點」，相對其所可能產生的「質疑」，我們最好別再追究下去。

綜合所述，不能不說高承恕教授在一九八〇年代回國之後，爲社會學界帶回來新的知識，特別是（韋伯的）詮釋性社會學，三十餘年來，對學生的諄諄教誨，其貢獻實在難以抹滅。

高承恕之迷思：瑕不掩瑜！

高承恕教授爲台灣社會學界作育英才無數，相信足以用「春風化雨」這四個字來形容其奉獻精神，其寬容之心態，筆者認爲應該能夠包容對他論點的指教才是，正所謂「瑕不掩瑜」。在解釋高承恕上述的論點之後，我們緊接著指出幾項缺失，以下的小瑕疵，可能會讓剛才呈現的美玉光采，爲之遜色。用比喻的方式來說，在古玉市場，通常在成交之前，顧客在欣賞了美玉之後，還會檢查一下是否存在著看不太清楚的斑點。現在，我們就扮演顧客的角色，試著找出一兩個小缺點，才能向賣家討價還價，因爲這才像個聰明人嘛！以下，我們再分兩個小節，分別申述，包括大師與經典的意義，與西方哲學的「二分法」等。

大師與經典的意義

首先，筆者認爲，雖然我們會看到更多高氏並非滿意韋伯所有的論點（這也不可能），但是，應該可以這麼想，高承恕確實是將韋伯視之爲三大古典社會學大師[26]之一。因此，可想而知，對於韋伯所說過的話、寫過的書、使用的方法與概念工具，高氏大致上是持贊成——甚至是欣賞與羨慕——的立場來對待。換句話說，研究者在某種程度上受到自身價值判斷所影響，對於自己喜歡的學者而言，該研究者即使不是「總是」，也「通常」不太願意多加批評。反之，對於自己不是那麼喜歡的學者，就應該不會輕易原諒其論點的缺失，這倒也不需要高深的「理論」來理解，而只要懂得「將心比心」即可，這與所謂的「詮釋的瞭解」有那麼點不同。

我們就以「將心比心」的方法試著來「（詮釋性）瞭解」儒家倫理下的師生關係吧！高承恕教授在許多地方強調，韋伯的分析全植基於歷史文化脈絡之中，那麼，筆者就在相同的歷史之中探尋儒家之「尊師重道」。筆者謝某還懂中文（雖然不能以精通二字來形容），學過幾年這種不太容易學會的語言，大略上可以「將心比心」瞭解華人社會裡，一般而言，學生不太願意與老師辯論，爭得面紅耳赤，相信至今仍有不少華人認爲這畫面與「尊師重道」不太吻合。習慣上，老師在課堂上（或者課堂之後）說了什麼，學生通常不會持相反意見，若是老師說：「這位大師如是說」，那麼，華人社會裡，大概找不到幾位學生膽敢不將此位大師的話奉爲圭臬，將之視爲思想的燈塔，指引著自己所駕的小船航向正確之方位。

簡言之，一旦某人當上「大師」，其著作也就跟著成爲「經典」。儒家（生活）倫理影響下的莘莘學子們，多年習得的（如果能養成的話）批判能力頓時消失無蹤。「大師」韋伯及其「經典」著作在華人社會難道不是如此嗎？正是。現在讀者的腦海中應該浮現一幅畫面，畫面中央有一隻螳螂伸出其雙臂，試圖抵擋前方一部迎著螳螂急駛而來的坦克車。

我們接著再看看隱藏在社會（科）學的二分法，它非常簡便，但是容易讓人誤入（研究的）歧途。

簡單又便利的「二分法」

這裡，我們先回味兩個段落。

在本章一開始，高承恕在解釋新教倫理時，他說：「基督新教的倫理雖然源自宗教的動機，但其現世的制慾（制欲）精神，以及視工作爲神聖的態度正好能夠配合自中古以來市中新興的市民或中產階層（civic strata）的利益……正因爲它是積極而入世的，這才在現世生活中將城市中產階層的經濟活動與倫理結合……從這個觀點來看西方**現代主義**（粗體爲筆者所加）的興起便是西方社會經濟史一個相當**獨特的**（unique）（粗體爲筆者所加）發展[27]。」這正是二分法下的產品，即西方的「有」與東方的「無」。簡單說，韋伯認爲西歐已從「傳統主義」解放出來，但其他地區則沒有。

配合前段「西方現代主義」與「東方傳統主義」，高承恕繼續說道：「新教倫理擺在一個整體的歷史脈絡來看的話，兼具有**傳統障礙**〔粗體爲筆者所加〕之解除、經濟合理主義之開展，與謀利活動之合法化（legitimization）等意義……從這個角度來詮釋基督新教倫理與**現代資本主義**〔粗體爲筆者所加〕的發展，我們瞭解基督新教的影響可以視之爲一種後期的加強（intensification），亦即是說自中古以來長期的經濟之演變，至此在意識形態、觀念及價值的層面得到一面沒有預期到的解放，而這種解放不是生活倫理的放鬆，是從**經濟傳統主義**〔粗體爲筆者所加〕的解放邁向以合理手段經營的轉換。而西方現代資本主義的發展，得到這層轉換而突破了發展上的瓶頸[28]。」

從上述段落中，筆者認爲，這隱藏著西方哲學的「二分法」，而這也是高承恕教授未能察覺，遑論提出並予以解釋給學生，以致發生時代錯誤的看法，雖然，高氏對於歷史學給予高度重視。簡單舉幾個小例子，就足以說明：高承恕同意韋伯所說，十五、十六世紀的新教倫理導致資本主義的發生，西歐開始領先全球的時期。然而，這要如何解釋十六世紀下半葉中國明朝第二次的經濟繁榮？當時，美洲白銀持續進入亞洲，並且大多流入中國。倘若再加上十七、十八世紀清朝盛世的話，高氏就更難自圓其說。再來，解釋西方哲學的二分法如何影響東方學者（包括高承恕教授）的時候，我們還得稍微提到一下十九世紀中葉的鴉片戰爭。現在，讓我們回到上面段落中的「二元對立」，像是「現代」（資本主義）／經濟「傳統」主義；西方的「有」／東方的「無[29]」，其實這是高承恕教授所忽略者，但極具重要性。

簡單說，華人普遍透過西方學者的視野來認識東方社會（特別是中國），並且相信西方學者對於東方（或者非西方）社會的描繪，並且奉爲圭臬。抑或有些偏差，但大體上都是正確無誤。換個方式來說，今日華人持續地戴著扭曲有色的鏡片來看待這個世界，無論這個世界所指的究竟是當代，或者是過去。那麼，我們要如何解釋爲何華人經常運用扭曲變色的視角來觀察身處的世界呢？這裡，我們可從西方哲學的「二分法」（與基督宗教的「（善惡）二元論」）中看出些許端倪。一般而言，西方的思想都建立在所謂的二分法、二元對立之上，諸如唯心／唯物；在場／缺席；有／無；善／惡；認同／歧異等。透過二元對立，人們感知與理解這個世界，這種思想態度可謂影響甚鉅，因爲它被廣泛地運用在社會（科）學，尤其在東、西方歷史的比較之上。影響力爲何那麼大呢？這麼說，成雙成對的字眼並非彼此獨立，而是在雙元之內：因爲「缺席」，才會呈現「在場」；因爲「歧異」，才會呈現「認同」。換言之，「善」只能通過歧異（difference）於「善」的「惡」，才會把「善」這個認同體（identity）給呈現出來。可見「善」與「惡」缺一不可；同樣，「有」只能通過「無」才得以呈現。不過，更重要的，在二元對立之中，對立的字眼中所包含的認同與歧異並非平等的，而是存在著具有上下位階的垂直不平等（hierarchy）的評價。人們給予「在場」、「有」、「善」正面的評價；反之，對「缺席」、「無」、「惡」則持負面評價，難掩他們鄙夷的態度[30]。

於是，雖然未必是眞實的圖像，但這些成雙成對的字眼——例如，現代（資本主義）／傳統（封建主義）；開放（外向）／封閉（內向）；進步／停滯；民主／專制等等——就經常被拿來描繪西方／東方社會，並加以比較。具體而言，在西方學者的心目中，西方的現代、外向、進步、民主，以及西方的有（在場）、善，總是藉由只能通過有異於「西方」的對立體「東方」，才能把「西方」這個認同體呈現出來。於是，東方（中國）社會必須是傳統（封建）、內向、停滯（倒退）、專制，再加上無（缺席）、惡等。在談論西方資本主義獨特的生產方式時，則特別強調大規模生產的氣度與特質，相對地，這就必須藉由強調中國乃是「小農經濟」分歧而得。

可以這麼說，高承恕接受韋伯的啓蒙，具體而言，就是接受西方二分法的思維模式，事實上，研究者已經先有主觀的價值判斷，亦先有解釋框架，再由高教授爲韋伯的「根植於歷史文化脈絡」來背書，於是韋伯搖身一變，成爲東、西方歷史比較研究大師。當然，我們仍然不能將此完全「歸功」於高教授，應該是韋伯這位「大師」本人的魅力超乎想像呢！

在這種思維下，似乎中國這塊土地上，自古以來，直到明清時期的晚期帝制中國，都不可能出現類似西方這種具理性且有效率的生產方式。封建的、停滯的帝制中國——

特別是在鴉片戰爭以前，在西方列強尚未帶來「現代化」以前——絕不可能產生類似於西方的制度。然而，這種東、西方社會的比較，過分簡化複雜的社會現象。或許這時，讀者可以瞧瞧中國知識分子如何看待在鴉片戰爭之後的清朝，與自身所受到的屈辱（humiliation），單就這個例子或可略窺一斑。先前曾任職中國駐紐約總領事館的鄭曦原說道：「大清帝國是我心中塵封的痛……洋人的大炮轟開了我們緊鎖的國門，迫使中華民族必須以開放的姿態去面對世界……過去隱藏了千年的污穢終於見了陽光……我們民族在十九世紀中葉，由於『閉關自守』、『固步自封』……因此從一個泱泱大國淪落爲遠東一個邊緣『鄉巴佬』國家[31]……。」這段話或許可以被視爲大清帝國自一八四〇年，至二十一世紀今日的中國爲止，台海兩岸（特別是中國）知識分子內心的眞實寫照。即使當代中國崛起後國力已不容小覷，但只要一想到過去國家民族所受到的不平等待遇，華人知識分子內心大致上就如同鄭曦原所道出的「心中的痛」——清朝失敗的原因是「閉關自求」、是「固步自封」，後來洋人的大炮先敲開「緊鎖的國家」之枷鎖，中華民族才能以「開放」的姿態再度迎接挑戰，因爲「陽光」讓埋藏千年、污穢已深的「傳統」不至於過度潮溼而霉爛。

筆者認爲，諸多過失由清朝（中國）自己承擔，功勞則全數歸給洋人，這是鄭曦原的眞心話，也是無數中國知識分子普遍認同的觀點。這種觀點，除了表現出中國知識分子長期以來的屈辱感之外，對於認識鴉片戰爭的眞正起因並無太大助益。事實上，「鴉片戰爭」是爲了茶葉，簡單說，英國從中國購買許多茶葉，導致大量白銀外流，造成英國王室的緊張。然而，英國卻苦於找不到像樣的工業製品來吸引富裕的珠江、長江三角洲居民的青睞，後來終於藉著在印度種植非法產品鴉片，銷往中國，造成中國白銀外流，國力漸衰。也就是說，戰爭與「閉關自守」毫無關係[32]。但且讓我們先回到西方哲學之二分法上頭，我們還得再說說它。

二元對立的西方哲學將西方描繪爲「正向的」西方，而將東方書寫成「負向的」東方。在二分法的思維下，西方總是站在優勢位置，東方則站在劣勢的位置。人們對於「在場」、「有」、「善」持正面評價，並將與西方社會加以連結；對於「缺席」、「無」、「惡」則抱持負面評價，並將這些與東方（特別是中國）社會連結起來[33]。想想十分可惜！高承恕教授當年並未爲他的學生發現隱藏在韋伯學說中的「二分法」。

「理性（化）」的船航行在「歷史」的海

關於「理性化」這個概念，高承恕曾經說過。首先，他表明在社會科學領域裡，學者若想討論某些概念，通常會清楚定義這些概念，如此才能進一步的論述。不過，或許讀者——包括筆者在內——即將面對的是大師韋伯，如此普通的做法，想必不被高教授所青睞才對。果不其然，高承恕曾說「即使『理性化』是韋伯的核心概念之一，他自己也不曾給我們一個明確的定義。〔然而〕仔細想一想，韋伯可能眞的是有他的道理。『理性化』是他討論西方演變的概念工具，這工具源自他對歷史經驗的理解與關懷，也必須是要放置在西方的歷史經驗去運作[34]」。

接著，高承恕借用布勞岱[35]（Fernand Braudel）的說法來解釋「理性」以及「理性化」。他說：「概念與理論是船，歷史是海，船是要放在海裡去航行的[36]。」高氏繼續說道：「在不同的歷史時空條件，在不同的生活場域（sectors），『理性』的意義就有所不同，有不同的指涉內涵，有不同的精神風貌。」然而，若是這樣，那我們還需要東、西方歷史比較研究大師韋伯來爲我們指引研究的方向嗎？似乎又不需要了，因爲每個地方都有獨特的面貌。當然，高承恕教授也留意到這個問題，他認爲，雖然「理性」（與「理性化」）在不同的時空裡有著相異的「脈絡意義」（cotextual meaning），然而，它既「有所不同」也「有所同」，高教授認爲這是其「妙用」之所在。高氏再以隱喻的方式教導學生，他說，這個「基本概念〔理性（化）〕提供了一艘船，讓我們在歷史的海洋中去探索，但這艘船不是固定不動的，因此在不同的海域裡、不同的氣候中，它的意義、它的作用便有差異[37]」。總而言之，高教授認爲韋伯對「理性（化）」的詮釋給予讀者適當的空間，以因應不同社會、相異歷史的文化脈絡，對於這樣的概念可能存在著差異。不過，對此，本文倒有不同的看法，對於「有所同」反而比較感興趣。

高承恕教授當年爲台灣學子介紹韋伯學說，的確是功不可沒，這點無庸置疑。對此，筆者猜想，學者若不是對韋伯這位頂尖學者感到佩服的話，大概很難會願意爲其學說投注人生大半心力，有這樣熱情的人，相信應該找不到太多才是。就如高氏回憶，在他「大二那年冬天……開始第一次接觸到韋伯……回想起來，在當時對韋伯的興趣其實是一種莫名的吸引力，就好像在黑夜裡遠遠地望到一點燈火，藉著年少的心，就一路往那方向去了」[38]。當然，即使如此，我們仍然不清楚，在上述這段話中，高氏是否難免有些許私心，想爲他所欣賞的學者掩蓋什麼樣的小小缺陷，特別是在韋伯「理性化」這一概念之上。在筆者印象中，當然，也可以在先前的拙著當中找到經驗資料驗證，「理性化」這個概念，並非眞如高氏所言，「理性（化）」在不同歷史文化脈絡裡面，會產生多大的差異，以致讓高教授認爲「理性」二字只在「西方歷史脈絡」裡才有意義。恰好相反，既然韋伯認爲「理性化」是他在西方社會「獨特的」（或獨有的）發現，那麼，我們（幾乎）同理類推，可以斷定韋伯是在他拿其他社會與西方社會加以比較之後，才「發現」西方居然有如此「獨特」之物。換句話說，韋伯不可能不用「理性（化）」這個測量指標來檢驗非西方社會。倘若韋伯不是用「理性（化）」這個衡量的標準來觀察非西方（例如中國），而是用其他標準的話，那麼，他如何能夠宣稱非西方社會找不到「理性（化）」的任何跡象呢？是故，筆者對高氏對「理性（化）」的解釋與比喻——「理性是船」、「歷史是海」——的說法感到新鮮，但同時也感到懷疑。

換句話說，雖然高教授告訴我們，在不同的社會中，「理性」以及「理性化」的含義可能有些許不同，然而，爲了尊重韋伯的原著《新教倫理與資本主義精神》這本書中所提到的資本主義四大特質來檢視東方社會（例如中國），看看其他社會是不是眞的缺乏西方所獨有的「資本主義」，以致淪落到今天的窘境？我們暫時無法得知，高承恕是否想要爲大師韋伯做點什麼事？例如，在未來學生的心中留下韋伯過人的治學風範，抑或基於其他難以確定的原因。不過，至少可以確定的是，高教授應該是本於自身的價值判斷下所提出來的觀點。但無論如何，我們理應尊重高承恕所言，既然他認爲「理性化」很可能是伴隨資本主義興起的必要過程，在不同的社會之中，可能存在差異，雖然他並未提出具體證據，但我們也只能接受。現在，筆者覺得應該使用與韋伯相同的「理性（化）」標準，來衡量東方（中國）社會。這裡，筆者還有兩個論點要加以說明。首先，如果大家還記得的話，韋伯堅信「理性化」的過程只能在西方找到，其他地方則根本無從尋覓，這個原因就被韋伯用來解釋東方的落後、停滯不前，並非如高氏所言，「理性化」只能在西方歷史脈絡中才得以理解。當然，高氏不斷重述這個論點，只是，在他的著作中，似乎也看不到太多分析「理性化」到底如何在西方歷史文化呈現其與眾不同之處。

第二，筆者在前作——也就是《社會學囧很大1.0》中，臚列出韋伯在《新教倫理與資本主義精神[39]》所找到的幾個資本主義的特徵，包括「視勞動爲義務」、「責任感」、「理性化與專業化」，以及「計算獲利與累積資本」等。對韋伯而言，資本主義的興起與宗教世俗化（與隨之而來的、各個層面的「理性化」），成爲他咸認近代西方獲勝的原因。如同高承恕所言，明顯地，韋伯藉著宗教世俗化爲起點，逐漸展開其研究的漫漫長路，而「理性（化）」正是韋伯爲我們找到的答案。並且，韋伯爲了證明西方的獨特性，在別的地方無法（也不能）找到「理性化」的蛛絲馬跡，連影子都不行。所以，對他而言，「理性化」這個概念是用來突顯西方的獨特性，不可能不使用這個概念來檢視世界上的其他區域，當然也包括中國。然而，向來這四個資本主義的特徵爲學者深信，不可能在西方以外的地方找到，然而在筆者先前的著作中，也就是《社會學囧很大1.0》的第二章〈儒家倫理與資本主義精神〉，指出由於有豐富的地方志，清楚揭示在東方（中國）其實不乏資本主義的幾個特徵，相信這是韋伯、高承恕教授，以及韋伯爲數眾多的支持者所不樂於見到的[40]。

這麼說，筆者經由檢視深受儒家倫理影響的中國，確實存在所有韋伯認爲在西方社會（才）看到的景象，說明「理性化」絕非西方社會所獨有，東方社會同樣也可以找得到，根本無須使用其他「理性化」的標準，不管是定義也好，或是用比喻的方式來說是「船舵」也好，都可以航行在「歷史」的其他大洋之上。既然海洋是相通的，那麼，吾人以為，到處都可以讓「理性（化）」的船舶徜徉在五洋四海之上，無論航行至歐洲、東亞、南亞、非洲東岸，或是拉丁美洲，應該都可以見到「理性（化）」的蛛絲馬跡才對，絕非如高承恕所言，韋伯的「理性化」概念，在其他地區將會導致水土不服，還得大作調適才行。不僅如此，更重要的是，韋伯是東、西方歷史比較研究之代表性人物，他可說是社會學界的碩彥。只要是韋伯學說的支持者，日後在其專業領域的研究上，成名將是指日可待的。因此，若真的像高氏所言，這艘韋伯取名為「理性化」的船，只適合航行在大西洋這片海域，而無法在印度洋、太平洋繼續向前行，這點恐怕連韋伯都不敢相信自己的造船能力會是如此不堪，讓船隻無法遠行。對韋伯而言，這艘「理性（化）」的船舶本來不就是要讓它航行在「歷史」的海洋上嗎？

誠如高承恕所言，「歷史」是海，那麼地球上的幾個大洋都是相通的，早在幾個世紀以前，航海家早已知道。但稀奇的是，高氏（與其他學者）竟然不斷強調，「理性化」這個概念，必須在西方的歷史脈絡之下瞭解才具意義。高承恕不斷重述「理性化」是複數，並非單數，意即這個概念在不同的歷史脈絡之下，表達出不同的意思。換個方式說，對於高承恕之〈對「理性化」的再思考〉一文，吾人指出了高氏提出的幾個問題，例如他主張讀者們應當「把韋伯、把『理性化』的問題擺在西方的歷史」，這是否意味著韋伯以及有關西方『理性化』的討論對其他社會是不相干的?!這類疑問對大多數中國的知識分子[41]而言是相當迫切……〔因爲〕百年來，我們都在忙著救亡圖存，想要迎頭趕上。很自然地，我們都很想在西方的經驗、理論中找到線索、找到問題，甚至找到答案！〔高承恕教授〕回想年少的時候，自己一樣有著這樣的心情。韋伯啊！你能給我們些什麼？回到國內教書，也有許多學生帶著迷惑的眼神問道：社會學能給我們什麼[42]?高教授爲自己提出這些疑問，接下來，他相當有自信地說出他的感受，可想而知，這感受與「理性化」這個概念關係十分密切，他認爲自己「也許可以振振有辭」地說出：

你們看，從韋伯論「理性化」中，我們可以清楚地觀察到，西方近代之所以能經一番轉折，開展出現代的西方，是因爲「宗教理性化」所造成的生活世界的轉換，能與其他方面的理性化產生一種整體性的配合，相生相成而脫胎換骨。反觀今日開發中國家，雖然可能在經濟上、在科技上可以藉學習而有所成長，但因爲缺乏那層在生活世界、整體心態上的轉換，終究有結構性的瓶頸無法突破。換言之，經濟的理性化如果沒有其他生活領域理性化的配合，其效果往往被限制、被抵消。這樣的論點應該是很相干、很有意義的了。不但可以瞭解西方，也可以反省我們自己社會的發展[43]。

以上這段話，讓我們得知高承恕教授幾近完全相信韋伯所找到西方崛起的原因，也就是「理性化」，或者更具體說，是「宗教理性化」所造成的生活世界在個個層面的理性化，使得西方得以脫胎換骨，進而領先東方（或非西方）。當然，韋伯的說法其實是吸引人的，特別是那些亟欲知道爲何近代西方領先世界上其他地區。

接下來，本文再來談韋伯在社會學家、法律學家之外的角色，也就是歷史學者，這一部分經常爲人所忽略，但高承恕教授在幾十年前就已經注意到。

韋伯同時是位歷史學家

本小節將試著瞭解韋伯最重要的著作（之一）的《中國的宗教[44]》，檢驗韋伯在書中的論點，在中國的歷史文化脈絡中能否得到驗證？或許我們能很清楚地知道，韋伯同時也是一位「貨眞價實」的歷史學家。

雖然不是百分之百確定，但筆者認爲，高承恕教授是台灣、乃至東亞華人學術界裡，第一位重視社會學與歷史學之間不可分割性的學者。基本上，高承恕認爲我們應該從對於社會學反思的過程中，重新尋回社會學與歷史的關聯，也就是「藉著對韋伯的再解釋與〔對〕實證的批判，來消解社會學的非歷史性格」。一九八〇年代，高教授爲台灣學界帶回詮釋社會學，他說：「對詮釋科學而言，任何有意義的詮釋必然是要扣緊歷史的脈絡（historical context）才爲可能」。這話說得極有道理，因此他繼續加以申論，說：「假如我們不把社會學的發展侷限在自然科學般的模型，社會學與歷史研究不但不是分離或對立，而是彼此相互地構成……在社會學的傳統裡，韋伯就曾經**美妙地**（粗體爲筆者所加）做了一次結合[45]」。對於高氏而言，韋伯已將社會學與歷史學二者做了最好的結合，全球無出其右者。

雖然，我們知道高承恕不可能對所有韋伯的論點照單全收，但光從這一小段話語當中，我們或許能猜想得到高氏對韋伯的主要論點、方法學的使用大致上抱持贊成的態度，這只是人之常情而已。因爲不會有學者將某位大師捧上天之後，再對其主要論點迎頭痛擊，這顯然不合常理。故此可以合理推論，高承恕應該會同意韋伯不只熟稔西方的歷史文化脈絡，也同樣熟知東方（中國）的歷史，或許至多只留下些微的、可容忍的錯誤，這樣的看法事實上不無道理。這裡，我們打算討論一下韋伯的專著《中國的宗教》一書，看看這位東、西方歷史比較大師，是不是對另一半地球那邊發生的事情也略知一二呢？筆者之所以這樣提問，是因爲在前書[46]業已證明身爲法律學者的韋伯，不只難以解釋他所留下來的「英國問題」，他也根本不知道「傳統」中國是個義務觀的社會，法律體系與西方極爲不同，但無損於治理的效果。可以這樣說，韋伯對東方（中國）所知甚少，例如，儒家倫理與資本主義的親合關係、不切實際的「士、農、工、商」的排序、宋代法醫制度與智慧財產「權」保護等，當中沒有一樣是韋伯曾經思考過的，更無須提及他千萬粉絲們到底有多少人曾經去探究過。

除了前述韋伯不甚瞭解的、關於中國的歷史事實之外，在我們進入對《中國的宗教》一書的結構、歷史問題討論以前，請容筆者略提一下，高承恕教授堅持韋伯已經注意到的因素，但覺得它們並沒有什麼重要性，特別是發生在十六到十八世紀（以及之後）的歷史事件，例如「殖民政策」、「戰爭」、「貴金屬」的大量流入（中國）等因素，他告訴讀者說：「韋伯在《社會經濟史[47]》（*A General Economic History*）中都有討論到，但他認爲那是次要的外在條件」，所以，韋伯認爲「內在的」條件才是重要的。高承恕繼續說道：「有趣的是，這些因素在華勒斯坦的解釋中卻是關鍵性的[48]。」但筆者覺得，華勒斯坦的解釋還更爲重要，奇怪的是，高承恕似乎（即將）看出韋伯問題所在，卻轉身再度擁抱韋伯，他引用韋伯的話說：「殖民地商業使大規模的財富集中，但並不能夠促進合理的勞動組織形式。因爲殖民地商業立於掠奪主義之基礎上，而非立於市場機會之收益上的理性計算。」

這裡，我們嘗試將韋伯相信是不重要的「殖民政策」、「戰爭[49]」、「貴金屬」三個要素放在一起討論，我們將會發現這是世界史上很重要的一段歷史。西班牙在海外殖民地，特別是墨西哥與秘魯發現大量白銀，一五七〇年代，從西屬美洲到呂宋島的航線也開通了，於是，西人載了美洲白銀到呂宋與中國人貿易，將明朝江南（長江三角洲）的高階產品絲綢（與瓷器）轉運到西屬美洲，一開始只有上層階級買得起，後來逐漸地供給增加了，平民也穿得起、買得起，當年，蘇州的樣式（稱「蘇樣」）還曾經流行在太平洋的彼岸，可惜，大多數的華人不曾被告知這段輝煌的歷史，那就是：明朝中國的高階產品深受歐人所喜愛。從一五七〇年代開始到一八二〇年代最後一艘馬尼拉大帆船結束其航程，長達二百五十年，明朝中國的絲綢（與瓷器）不斷地從菲律賓轉送到美洲，其中一部分則是越過大西洋抵達了歐洲大陸，當時，可是蔚爲風尚呢！這一段太平洋海上絲綢之路，經常爲人所疏忽，就連二〇一五年中國出台的龐大計畫「一帶一路」，基本上也不（願）提及航行長達兩個半世紀的馬尼拉大帆船，載著明朝（與清朝）高階產品航行在太平洋這個所謂的「西班牙湖」（The Spanish Lake），不知道是不是當代出口的產品似乎不若從前之高附加價值呢?!

上述連結太平洋兩岸的馬尼拉大帆船這條航線在中國史以及世界史，至少具有以下幾個意義，其重要性還可能超過韋伯（與高承恕）的想像。第一，馬尼拉大帆船在全球化的過程中，扮演極爲關鍵的角色，太平洋兩岸因著貿易而連接起來；第二，明（清）時期的高階產品，絲綢、瓷器，以及後來的茶葉，其中有一大部分是經由這條航線出口到美洲，甚至歐洲，這是中國經濟發展領先的證明；第三，美洲白銀大量輸入中國（這是中國的國際貿易順差），造成了明朝在十六世紀末期、十七世紀初期的經濟繁榮，當時，產自雲南的白銀礦已近枯竭，若無美洲白銀的輸入，交易活動將難以完成，因爲貨幣供給不足；第四，明代中期之後，稅制紊亂，一條鞭法將許多徭役改課以白銀，福建是美洲白銀輸入的第一站，改革從此地開始，乃因爲擁有足數的白銀。倘若因爲白銀不足，稅制改革就無法推動的話，相信明朝之國祚將難以延續下去[50]。明朝是當時世界上相當巨大的帝國，將全球最高階的商品行銷海內外，長達二個半世紀的時間裡，太平洋絲綢之路運送著當時人見人愛的時尙商品，維持多少工人的生計，讓人難以理解韋伯爲何看不出「殖民政策」、「戰爭」、「貴金屬」不具重要性，除非韋伯根本不清楚世界史到底發生哪些值得留意的事件，以致於他完全不曉得馬尼拉大帆船（「理性」的帆船）之所以能夠在太平洋上——同樣是「歷史」的海——持續航行二百五十年，正因爲有了「合理的勞動組織形式」，以及商人非常清楚「市場機會之收益上的理性計算」對他們的獲利到底有多大的助益。

簡言之，即使韋伯並非不瞭解世界史，就是將不（太）符合他說法的歷史事實全視爲不重要。筆者認爲，這正是韋伯拿他的西方與東方（或非西方）世界所作的「比較研究」。我們接著討論韋伯的《中國的宗教》大作，限於篇幅，本文只討論其中幾項，雖然當中的錯誤可說「俯拾即是」，還得將對該書的批評分爲「前、後半部」，後半部將在本書第二章討論，這裡只先談分量較少的前半部。以下，先僅討論兩個韋伯所持的看法。

第一，在討論城市時，韋伯確實比較西方與中國城市之差異。韋伯認爲漢字的「城」有「寨」之意，這與「西方古代與中世紀的城市」含意相同，他認爲「中國城市在古代是指君侯所居之處，而直到現代仍然主要是總督或其他官府要員居停之所。在這類城市裡，就和（西方）古代的城市以及類如農奴時代的莫斯科一樣，主要的消費定期金（*Rente*）——部分是地租，一部分則是官俸及其直接或間接借政治力量而取得的收入[51]」。身爲東、西方歷史比較研究大師的韋伯，對中國城市的描寫竟然如此的不具體，實在讓人感到意外。首先，城市當中有官員居住應該不是壞事才對，但韋伯可能想要證明歐洲（早已）進步到官僚體制，是一種法理型的支配，但是中國城市直到他所處的十九世紀，依然處於像是農奴時代的莫斯科那般。然而事實上，中國在隋朝（五八一年～六一九年）就已建立科舉制度，這種政府組織之建立、人員的拔擢任用都以法律規範，而這正是韋伯向大家推銷的科層體制。更何況，在筆者先前的「都市研究」中，對於唐朝（六一八年～九〇七年）的長安、南宋（一一二七年～一二七九年）的泉州，與明清（一三六八年～一九一一年）的蘇州都加以描寫與分析[52]，在當中並未發現韋伯所形容的「（類似）農奴」身分的人在城市的街道閒逛，倒是應該給予當時居住在城市裡的長官們掌聲喝采才對。因爲光是要處理數十萬人、甚至百萬人口單日產生的垃圾量，就應該值得（同時代）歐洲人學習。

第二，韋伯以歐洲經驗爲標準，而中國充其量只是歐洲的對照組而已，當然，這與二分法脫離不了關係。韋伯說道：「在中國封建的中世紀時代裡，我們發現大臣的職位……牢牢地掌握在某些家族的手裡。孔子也是個貴人，因爲他出身於一個統治階級的家族……其地位的經濟支柱，大抵是來於政治上的收入及世襲的土地資產……當然，這種與西方恰恰相反的情形……意義不可謂不深遠。在西方，采邑的世襲性格，只不過是一種歷史發展下的結果。采邑所有者是依照是否擁有司法裁判權的身分來區分的，而俸祿則由所服勤的類別來區分[53]」。很明顯地，韋伯所謂「歷史的」研究僅在爲西歐找一個對照組；至於中國眞實的，或者（最）接近眞實的情形到底如何，韋伯似乎也不是眞的在乎。因爲韋伯也在同一本書裡談到：「在秦朝統治下，俸祿固定等級很快就成立了，漢朝繼而將其分成授錢或授祿米的十六個等級，這意味封建制度的全面廢除[54]」。換句話說，韋伯深知封建制度在中國早已消失，但這裡爲突顯出西方法理型的科層組織，法律規定著人員的職位、責任、義務，與薪資所得等，中國的官員僱用則是由皇族大戶所控制，其薪資也非法律所能規範者。可是，韋伯卻忘記自己在同一本書前面章節提到，早在漢朝（紀元前二〇二年～二二〇年）封建制度早已「全面廢除」了嗎？爲何還出現「中國封建的中世紀時代」呢？到底韋伯所指的是何時呢？這令人費解。

難怪該書的譯者——耶魯大學歷史學博士——康樂先生善意提醒我們，他說：「《中國的宗教》最爲一般漢學家及中國史學家懷疑的地方，就是它的作者居然不懂中文，一切都只能靠轉手的翻譯或西文著作……這樣的歷史研究成果顯然大有商榷餘地。」不過，可能是「大師」韋伯的聲名舉世無雙，也因此譯者還是選擇替韋伯的「經典」著作加以護衛，康樂說：「資料不足本來就是任何歷史研究中經常要面對的問題……韋伯所面臨的困難度要更大些罷了[55]。」筆者認爲，韋伯面臨的困難絕不比其他讀者還大，數以萬計的讀者才是那群面對巨大困難（卻不自知）者，他們根本還不知道自己的思維、歷史觀與世界觀，早在大學時代經由師長介紹韋伯的學說之後，便被拉離了軌道。

本章結語

高承恕教授告訴我們，我們可以將概念、理論看作一艘船隻，這船隻得在海裡航行，這樣的隱喻言之成理。他還告訴我們，有一艘取名爲「理性」的帆船，航行在歷史的海洋之上，這艘船得在大西洋裡航行，因爲造船的地方是在歐洲，那兒的工匠熟悉那片海上的風向、洋流、巨浪、暗礁與漩渦，同時，他們也知道那兒可以找到最好的木頭建造龍骨、隔艙、桅杆與船舵，此外，船頭與船尾的木片也得用上不同的材料，以對抗不同力道的風浪。高教授這樣的說法乍聽之下甚有道理。只是，筆者天生不信邪，便想把這艘「理性」

的船駛離大西洋，到其他的海域看看是否眞如高氏所言，這艘船只適合在大西洋上；如果開到他處時，航行恐怕不會很順利。當然，前輩的話最好相信，大多數的晚輩也是深信不移。高承恕教授善意提醒我們，若眞想瞭解「理性（化）」這個「獨特的」、西方才有的概念，我們務必在西方的歷史脈絡中才有可能。不過，如果是這樣的話，那麼，不只是西方獨特而已，其他地方所出現的「理性（化）」應該也是獨特的。

在筆者逐漸模糊的記憶中，大約是在二〇一五那年[56]，一個炎熱難耐的夏天吧?!謝某將這艘「理性（化）」的船揚帆乘風航向遠處，經過了一段不算短的時間，最終到達太平洋西岸。初到之時，謝某感到驚訝，這東方世界原來不像歐洲人所認爲的那般陰翳灰暗，事實上，可以這麼說，東方與西方的天空同樣明亮，也同樣讓人感到樂觀無比。隨後，在東方（中國）一個南方的港口靠岸，順著一條大河往內陸的方向航行兩個星期後返回海上。沿途上，謝某與同行的友人發現資本主義的幾個特質，分別是「視勞動爲義務」、「責任感」、「理性化與專業化」，以及「計算獲利與累積資本」等。雖然，這是筆者數年前所發現的，但在今日應該還可以用來告訴高承恕教授，「理性」的船並非只能航行在大西洋上，同樣也能在太平洋，或是印度洋，甚至是——就連資深的水手都感到畏懼的——「麥哲倫海峽」都可以安然度過海上的風雨，更何況，不同海域也都是相通的啊，還可能再次遇見數個月前邂逅的抹香鯨呢！

最後，我們檢視韋伯的專著《中國的宗教》一書，發現韋伯在結構性的分析當中，爲我們留下不少歷史經驗的可疑之處。不僅在筆者前著中所呈現出（但高承恕教授並未發現）的問題，像是十七世紀篤信新教的蘇格蘭地區，其實是英國相對貧窮的地方，而非如韋伯所宣稱的那般，新教徒聚集的地區通常較爲富裕[57]。怎會如此呢？雖然高承恕教授堅持韋伯是在西方的歷史文化脈絡裡談理性化，也論及資本主義的起源，然則實際上，在韋伯心目中的歷史脈絡裡，他最好將蘇格蘭這個例證隱藏起來，免得大家懷疑他費盡心力才找到西方崛起的「原因」。此外，讀者應該還記得高承恕教授也提到，在新教改革之前，義大利的北部地區，資本主義（的形式）已是高度發展，但沒有出現資本主義精神而已。針對這個論點，分析起來就有點可笑了，因爲韋伯告訴我們只有當資本主義精神先行存在，後來才能出現西方獨一無二的資本主義。那麼，既然北義大利沒有資本主義精神，那麼，這個高度發展的「資本主義」到底要從哪裡來？按韋伯的說法，北義的「資本主義」根本就不可能存在才對！

綜上所述，韋伯在「詮釋的瞭解」上的成就，似乎超越了他在「結構的、歷史的」分析上。如果眞有「結構的韋伯」的話，那麼這「兩個韋伯」——「行動的韋伯」與「結構的韋伯」在較力爭勝，也就是這「兩位」韋伯在其學說之中所產生的作用力到底何者較爲重要呢？。

接下來，我們就進入「兩個韋伯」的爭戰。

註解

【1】高承恕，〈社會科學的特性——一個現象學的探討〉，《哲學與文化》，第二卷第四期（一九七五，四月），第二四～三三頁。

【2】前揭書，第二七、二八頁。

【3】前揭書，第三〇、三一頁。

【4】前揭書，第三〇頁。

【5】高承恕，《理性化與資本主義——韋伯與韋伯之外》（台北：聯經出版社，一九八八），第五一頁。

【6】Immanuel Wallerstein, *The Modern World-System* (New York: The Academic Press, 1974)，引自高承恕，《理性化與資本主義》，第一七頁。

【7】高承恕，《理性化與資本主義》，第一六頁。

【8】前揭書，第一九五頁。

【9】Max Weber, *Economy and Society*, Guenther Roth and Claus Wittich eds. (Berkeley: University of California Press, 1978)，引自高承恕，《理性化與資本主義》，第六七頁。

【10】高承恕，《理性化與資本主義》，第六七頁。

【11】我們在稍後的章節中會再略微談到「傳統」中國之科層組織，因為，韋伯定義下的「傳統」中國，是不可能看得到類似於西歐法理型的科層制度。換句話說，我們有必要花些許時間談談「傳統」中國的科舉制度（或組織），因為韋伯不認為這在「停滯的」社會之中，是可以見得到的。

【12】高承恕，《理性化與資本主義》，第五頁。

【13】高承恕，《理性化與資本主義》。

【14】謝宏仁，第三章〈發展型國家「理念型」〉，《社會學囧很大1.0：看大師韋伯如何誤導人類思維》（台北：五南圖書，二〇一五），第一〇三～一五二頁；謝宏仁，第一章〈但理念型還是魅惑了韋伯〉、第三章〈歷史研究、歷史主義與理念型之糾葛〉，《社會學囧很大2.0：看大師韋伯為何誤導人類思維》（台北：五南圖

書，二〇一九），第一五～六八、一二三～一七八頁。

[15] 高承恕，《理性化與資本主義》，第五頁。

[16] 前揭書，第四頁。除了「詮釋的瞭解」之外，高承恕花了點時間解釋韋伯方法論的另外兩個概念，也就是「理念類型」（ideal type）與「選擇性的親近性」（selective affinity）。關於前者，應該是當中最重要的，筆者先前著作中已討論不少，本書仍會略加討論。關於後者，筆者亦曾提出淺見，認為韋伯將「新教倫理」與「資本主義」之間的親合關係（親近性）包裝成因果關係。請參照謝宏仁，《社會學囧很大1.0》、《社會學囧很大2.0》。

[17] 前揭書，第六頁。

[18] 當時，在日耳曼邦聯（今德國），至少有六千冊中文圖書可供參考。這是因為一八三〇年代，巴伐利亞有一位名叫Kart Friedrich Neumann的中學老師，不辭辛勞地親自遠赴廣州，在那裡收購六千冊中文圖書，並運回歐洲。

[19] 高承恕，《理性化與資本主義》，第六三頁。

[20] 前揭書，第六七頁。

[21] 張維安，〈行動與結構——韋伯社會學的不連續性及其出路〉，《中國社會學刊》，第十四期（一九九〇年十二月），第二一五～二三五頁。關於此行動的韋伯與結構的韋伯之爭，本書在稍後章節將會更深入討論。

[22] 高承恕，《理性化與資本主義》，第六一頁。

[23] 前揭書，第六一、六二頁。

[24] 前揭書，第六三頁。

[25] 前揭書，第六六頁。

[26] 這位大師（與其他兩位一樣）完全不懂中文，當然不可能看得懂數量繁多、內容豐富的地方志，這是較為可惜的地方。

[27] 高承恕，《理性化與資本主義》，第一六頁。

[28] 高承恕，《理性化與資本主義》，第一五～一七頁。

[29] 在韋伯的論述當中，其他的二元對立尚有，例如，新教倫理（入世、積極、改造世界）／儒教倫理（出世、

消極、順適世界）；資本主義／封建主義；有／無；善／惡等。

[30] Jacques Derrida（德希達）論稱，西洋的思想都建立在二分法、二元對立之上，像在場／缺席；認同／歧異；神話／書寫；唯心／唯物；主體／客體等等之上。人們對世界的感知、理解是藉這兩種二分法來進行的，這種思想態度既是影響重大，但卻引發許多問題，頗具爭議。之所以影響重大是這種成雙成對的字眼是在雙元之內，而並非從彼此獨立出來。就因為「缺席」，才會呈現「在場」。換言之，只有藉由異於「在場」的歧異（difference）之「缺席」，才會把「在場」這個認同體（identity）呈現出來。於是看出「認同」與「歧異」是缺一不可。而且在這場對立的字眼內所包含的認同與歧異還有上下位階的垂直不平之評價在內。也就是人們對「在場」持正面的、良好的評價；反之，對「缺席」、「不參與」採取負面的、不佳的評價。關於德希達對二分法的分析，請參見洪鎌德，《全球化下的國際關係新論》，第三五〇～三五一頁。

[31] 雙引號為筆者所加。請參照鄭曦原，〈引子：晚清史是我心中塵封的痛〉，《帝國的回憶：《紐約時報》晚清觀察記，一八五四～一九一一》，修訂版（北京：當代中國出版社，二〇〇七），第I、II頁。

[32] 有關鴉片戰爭（茶葉戰爭）的完整論述，請參考謝宏仁，第四章〈鴉片的政治經濟學〉，《顛覆你的歷史觀：連歷史老師也不知道的史實》（台北：五南圖書，二〇一七），第一七三～二一六頁。

[33] 關於西方哲學二分法的主要論述，引自謝宏仁，《顛覆你的歷史觀：連歷史老師也不知道的史實》，第二一～二五頁。

[34] 高承恕，《理性化與資本主義》，第一五五、一五六頁。

[35] 法國年鑑學派大師級人物Fernand Braudel之中文姓氏將使用當代學者所熟悉的「布勞岱」或「布勞岱爾」。在本書，不再使用高承恕教授先前的譯名「布賀岱」，請讀者留意。

[36] Fernand Braudel, *On History*, tr. by Sarah Matthews (London: Weidenfeld and Nicolson, 1980)，引自高承恕，《理性化與資本主義》，第一五六頁。

[37] 高承恕，《理性化與資本主義》，第一五六頁。

[38] 高承恕，〈春天的雨——代序〉，《理性化與資本主義》，第i頁。

[39] 馬克斯・韋伯（Max Weber），《新教倫理與資本主義精神》（北京：北京大學出版社，二〇一二）。

[40] 請參照拙著，詳細書目如下：謝宏仁，第一章〈儒家倫理與資本主義精神〉，《社會學囧很大1.0》（台北：

五南圖書），第一七～七八頁。

[41] 一九八〇年代時，不少台灣知識界的前輩們認為自己是台灣人，同時也是中國人的比例遠高於今日，是故，在著作中，常常可以看到高教授將自己視為中國知識分子之一員。在當年台灣的政治氛圍裡，像高教授這樣的認同感可說相當普遍。

[42] 請參照高承恕，〈對「理性化」的再思考〉，《理性化與資本主義──韋伯與韋伯之外》，第一五五～二〇二頁（第一九九、二〇〇頁）。

[43] 高承恕，《理性化與資本主義》，第二〇〇頁。

[44] 馬克斯・韋伯，《中國的宗教／宗教與世界》，韋伯作品集V，康樂、簡惠美譯（桂林：廣西師範大學出版社，二〇〇四）。雖然《中國的宗教》是以「宗教」為題名，然而，根據出版社對該書之簡介，卻是「集中國、社會、經濟與思想等諸層面的問題」於一爐冶煉而成，堪稱一部「整體史」的大作。筆者深覺，高承恕教授應該會同意這樣美好的介紹詞才是，高教授應該會持續提醒我們，「經濟倫理」只是韋伯龐大研究「計畫」之一小部分而已，他認為韋伯已經分析許多結構的、歷史的問題。另外，《宗教與世界》當中所蒐集的論文則是韋伯為其基督新教、儒教、道教、印度教、佛教，與猶太教所撰寫的序言，韋氏分析世界各大宗教擔綱者的「心態」，當然，這本書是瞭解韋伯宗教社會學之不可或缺者。其中譯者之一康樂為耶魯大學歷史學博士，是故他對於為該書所撰之〈導言〉頗具參考價值。

[45] 高承恕，《理性化與資本主義》，第一九、二〇頁。

[46] 謝宏仁，《社會學囧很大1.0》、《社會學囧很大2.0》。

[47] 韋伯，鄭太朴譯，《社會經濟史》上、下冊（台北：台灣商務印書館，一九七八），英文原著為：Max Weber, *A General Economic History*, tr. by Frank H. Knight (New York: Collier Books, 1961)，引自高承恕，《理性化與資本主義》，第九一頁。

[48] 高承恕，《理性化與資本主義》，第九一、九二頁。

[49] 筆者認為，論到「戰爭」，至少有西班牙人與美洲原住民的戰爭，以及之後西班牙與歐洲其他列強之間的戰爭等。

[50] 謝宏仁，第一章〈美洲白銀的奇幻漂流〉，《顛覆你的歷史觀：連歷史老師也不知道的史實》，第三九～

九五頁。

[51] 韋伯，《中國的宗教／宗教與世界》，第四三頁。在本書中，韋伯為突顯西方貨幣經濟的優越性，韋伯「認為」中國仍以實物來給付政府官員的薪水，但這是矛盾的，韋伯自己曾引用Chavannes所編的*Ssu-ma Ch'ien*（《司馬遷》），Vol. III, ch.Xxx，並且告訴我們，中國封建制度已消失於漢朝，因為在十六個等級之中，有人並非收到實物為其俸祿，而是金錢，也就是薪水。事實上，韋伯在這本著作中，矛盾處並不少見。

[52] 謝宏仁，第七章〈歷史視野中的世界都市：長安、泉州與蘇州〉，《顛覆你的歷史觀：連歷史老師也不知道的史實》，第三〇三～三五〇頁。

[53] 韋伯，《中國的宗教／宗教與世界》，第七五頁。

[54] 前揭書，第七七頁。

[55] 康樂，〈導言〉，《中國的宗教／宗教與世界》，第五～一七頁（頁一一）。

[56] 這一年，筆者撰寫〈儒家倫理與資本主義精神〉這篇文章，是年刊在《社會學囧很大1.0》拙著的第一章。文中指出，韋伯認為資本主義的幾項特質，其實同樣可以在東方（中國）發現。換句話說，「理性（化）」不只在歐洲發生而已，中國同樣存在著相同的過程，絕非如韋伯所言，歐洲的「理性（化）」過程具獨特性，或者如高承恕所言，是個「異數」。

[57] 請參見謝宏仁，《社會學囧很大2.0》。

第二章　走進歷史也就走出困境

兩人不曾謀面，卻因爲炎炎夏日的一場午後雷陣雨，而在Louisa（路易莎咖啡）的騎樓下閒聊起來。聽說教育程度相當的人比較會有共同的話題，事實好像也是如此。這兩位剛好都是專家，先進來躲雨的是社會學家，後來者則是歷史學家。前者說，社會本身太複雜了，所以，我們將大部分時間用在撰寫可以升等的SSCI文章；剩餘的時間，幾乎都花在找尋社會運行的律則。這樣，社會看起來就簡單一些，人們就可以相對地快樂一點。社會學家繼續說，我們早就知道了歷史眞的很重要，只是所剩的時間太少，而且，我們也沒法子確定那些過去的事件還值得繼續研究下去……（歷史學者一邊用衛生紙擦拭著眼鏡，一邊對著社會學家猛搖頭）。

話說當年台灣社會學界盛傳著「南高北葉[1]」的稱號，雖然未必已臻叱吒風雲之境界，但也已經十分接近。這麼說，社會學界裡北部由葉啓政教授主導，南部（指台中以南）則是高承恕教授領軍。那時，學生們「南來北往」地追隨名師的腳印，只爲一睹其丰采，深怕自己錯過了重要的場合，未來在學習新知的道路上落後給同儕。在當時，這可是會讓學生心情鬱卒至少三個月，而且，等到心情好不容易稍微平復之後，發現自己再也站不上時代的浪頭了。那麼，說到「南高」，我們還得再談談台灣在一九八〇年代的「韋伯熱」，社會學界的前輩們腦海中應該會自動浮現出「高承恕」這三個字。高教授當年回台灣任教時，他進入東海大學社會學系，一轉眼三十多年過去了，在他榮退時，當年在他無藏私的指導下——不久之後也和他一樣，也成爲社會學界的菁英——爲其恩師高教授於二〇一四年的年底出版兩本論文集，藉此感謝高教授的諄諄教誨。稍後，本文將會討論這兩本專著，畢竟，他教導過的學生應該較能理解他內心所思。那麼，既然是一九八〇年代「韋伯熱」之中堅人物，我們應該細細品味當年高教授之見解，如此，或許能想像得到當時這位年輕教授爲學生所愛戴之模樣。順便也可以看看三十餘年後的今日，高教授的學生們對於韋伯的看法是否與其年輕時一樣。

在第一章，我們稍微提到，爲了避免大師韋伯被貼上「化約主義」這個標籤，於是，學者們開始爲韋伯尋找證據，藉以證明韋伯不只關心行動者的意圖，其社會行動的心理動機，並且他（更）關心社會結構。換句話說，高承恕教授認爲大師韋伯在行動—結構之間能進出自如。本章將檢視其學生張維安對於這個問題的高見[2]。雖然，我們已在第一章證明，所謂「結構的」韋伯似乎不如「行動的」韋伯般深受全球粉絲的熱情擁戴，本章筆者將會繼續強化讀者這種想法。

本章各節安排如下，首先，介紹韋伯遺留在方法論上的問題，相信讀者清楚知道，韋伯是詮釋社會學的奠基者，他關注行動者的動機與其行動的意義，但事實上，韋伯也花費不少時間在處理結構的、歷史的問題，然而，兩種方法論似乎難以相容，這就是所謂的「兩個韋伯之爭」，也就是「行動的韋伯」與「結構的韋伯」在方法論上的對辯。其次，討論「行動的韋伯」，共分爲二個子題，其一，歷史文化脈絡下的「瞭悟」（*verstehen*）；其二，「瞭悟」新教倫理與結構自主性。第三，接著檢視「結構的韋伯」，包含：其一，經由介紹幾位學者，證明其存在；其二，行動—結構二元對立的解決之道，也就是「走進歷史」；其三，我們有必要知道什麼是「歷史」。第四，檢視韋伯的大作——《中國的宗教》一書，來看所謂「結構的韋伯」歷史研究的功力，是否眞的有值得借鏡之處。第五，高承恕教授培育人才無數，曾從學於高氏者，今日在學術界已有優異表現。當高教授榮退時，在二〇一四年，學生爲他出版兩本論文集，藉由閱讀該文集，可以得知韋伯到底即將「『東』山再起」？抑或到了「日薄『西』山」之境？最後，總結本章的發現。

兩個韋伯之爭

一九八〇年代台灣社會學界的「韋伯熱」，以高承恕教授爲主要推手，吸引許多年輕學子投身研究大師韋伯的學說。其中，當年從學於高教授的張維安，日後也在社會學界一展長才，當然，可以說他至少在某些方面也接受高教授所傳承的衣缽。明顯的例子是，張維安對韋伯學說甚感興趣，這一點應該可從他在一九九〇年所撰寫的〈行動與結構——韋伯社會學的不連續性及其出路〉一文看出端倪。筆者認爲，這篇文章較爲重要，值得花點時間討論。

無庸置疑，韋伯被認爲是詮釋社會學的開山始祖，最有名的著作當屬《新教倫理與資本主義精神[3]》一書。不過，張氏觀察到，自一九七〇年代末以來，即有學者爲文主張韋伯的詮釋社會學與其實質研究（指「歷史研究」，張維安的說法）像是Mary Fulbrook（佛布魯克）、Bryan Turner（特納）、Lawrence Scaff（斯考夫）[4]等人，存在著「不連續的緊張性」，於是，造成韋伯詮釋社會學的方法論與歷史研究之間的隙縫。張維安認爲，直到Turner一九八一年的專書*For Weber: Essays on the Sociology of Fate*（《爲韋伯而寫》：命運社會學論文集》）出版之後，既有的裂縫更加擴大。若用Turner自己的意思來說，韋伯的歷史研究距離詮釋社會學相對較遠，反倒和馬克思的結構主義近一些[5]。

可以這麼說，在當時，學術界產生兩個韋伯之爭，一個是「行動的韋伯」，另一個則是「結構的韋伯」，所爭論的是「個體行動與社會結構兩者之間的緊張性」。不過張維安反對Turner的說法，Turner主張韋伯在「意義詮釋」的方法論與「結構自主」的歷史研究之間，兩者扞格難入。反之，張維安對兩個韋伯之爭的看法相當樂觀，與高承恕應無不同，兩人都認爲「走進歷史」隨即「走出困境」，韋伯（應該）就是第一個走入歷史的學者[6]。看來，「兩個韋伯之爭」在高、張師徒二人身上得到解決，但其實不然。師徒兩人都信持韋伯已經完美融合社會學與歷史學。無庸置疑，「結構的韋伯」所完成的實質研究（歷史分析）與「行動的韋伯」同樣值得學習。不過，倘若有位研究者，所做的「歷史研究」錯誤百出的話，那麼，相信學術界的人對其研究結果將是嗤之以鼻才對，但是，如果這人正是大師韋伯呢？結果似乎完全相反，大師還是大師，因爲學者選擇視而不見、充耳不聞，或者，他們根本也不知道韋伯錯在哪裡？本書稍後討論韋伯《中國的宗教》一書時將會加以闡明。

不過，話說回來，筆者也不贊成Turner所主張者，如果「結構的韋伯」不存在的話，那麼何來與「行動的韋伯」之間的裂縫呢？因爲只有一個韋伯，就是「行動的韋伯」，但光就這一位韋伯豈能解釋東、西方歷史爲何走向不同的路徑嗎？筆者猜想，結構主義者應該不認爲「詮釋社會學」能有多大的效益吧！我們先看看「行動的韋伯」到底有什麼問題？

「行動的韋伯」

一般而言，或許是因爲《新教倫理與資本主義精神[7]》是韋伯生前唯一出版的作品，並且，這本書在社會學界早被當作經典著作，是故，學界普遍熟悉的是「行動的韋伯」，這個韋伯關心行動者內心的動機與其行動的意義。本文以下再分二個部分討論，包括歷史文化脈絡下的「瞭悟」[8]（*verstehen* 瞭解）、「瞭悟」新教倫理與結構自主性。現在，我們先看看所謂的「詮釋的瞭悟」該要如何進行。

歷史文化脈絡下之「瞭悟」

「瞭悟」，也就是「詮釋的瞭悟」，是韋伯理解行動者意圖、動機與社會行動的意義最重要的方法。理想上，研究者應該將自己放在特定的歷史文化裡思考，進一步透過比較分析，對於自身的研究問題才能有較爲正確的「瞭悟」。在本書一章指出，高承恕建議我們，研究者（包括韋伯本人）若能爲了自己感到興趣的鄉村或城市、區域，與國家預先進行若干研究的話，那麼，他認爲這就會讓韋伯著名的方法論（也就是「詮釋的瞭悟」）建立在歷史事實的基礎上，相信這種說法具有說服力才是。可是，韋伯明明不懂中文，更沒去過中國，高承恕卻對韋伯如何完成其「詮釋的瞭解」失去好奇心，因爲如果正像高教授所建議者，「爲了自己感到興趣的鄉村……國家預先進行一些研究的話」是非常重要的，那麼，韋伯到底是如何簡單地「瞭解」中國呢？消息來自於去過中國的商人？或者韋伯看過幾本遊記？還是像筆者一樣，只能看看留德學者之譯作？當時，德國有多少翻譯自中文的書籍呢？相信應該不會太多才是，而且，以當時的翻譯火候，恐怕翻譯成德文也難以達到可接受的水準。

本書先前談過，韋伯對於「瞭解」的界定。他說過，這種「瞭解」絕非只是「將心比心」而已，它應該是「一種根植於歷史文化脈絡中的詮釋[9]」。而且，高承恕也承認，這種「詮釋的瞭解」是「片面性的」，是其於研究者基於自己的「價值關聯」而爲的選擇，在方法論上，與「理念（類）型」有相關的性格。當然，先前也提過，高承恕教授對於韋伯的好感應該是無出其右者，所以，筆者在前書中也以專章來批評「理念型」可能造成的問題[10]。相反地，高教授仍然堅信「理念類型……能幫助研究者去蕪存菁[11]」。「傳統主義」不就是硬套在中國頸子上的鎖鏈嗎？不正是韋伯價值關聯下的產物嗎？正是如此。爲何理念（類）型的運用無法如高氏所言地「去蕪存菁」呢？因爲韋伯也好、高承恕也好，都忘記要多花時間在歷史研究上，特別是中國這個例子。

「瞭悟」新教倫理與結構自主性

關於資本主義的起源，我們知道張維安大致上贊同韋伯的說法，是故，他說：「新教徒想要榮耀上帝，但卻在預料之外有助於現代資本主義的興起（Gerth and Mills, 1946: 58），此才是在結構上的非預期結果，是爲社會結構自主性的概念之一[12]。」筆者對這一小段話感到佩服，原因是，「預料之外」與「結構自主性」此二概念讓人不知從何處檢驗起，這似乎只能相信資本主義的起源正是在一群新教徒身上才找得到，並且，有可能只有在韋伯看到的那一群，或者再加上那一群新教徒的親朋好友們，其他的新教徒則不一定與資本主義有關，就如十七世紀有一群人住在相對貧窮落後的蘇格蘭地區，這群人過著清苦的日子，但卻篤信新教[13]。雖然總想多賺一點來榮耀上帝，日後有機會成爲上帝身旁的子民，但在這個地區卻總是找不到幾個賺大錢的新教徒。蘇格蘭的人（多半是新教徒）或多或少聽說歐洲大陸有幾個地方，像是瑞士、比利時，與義大利北部等等，發展得還不錯，但他們不是新教徒，所以，可能是另一種沒有人料想到的「資本主義」所造成的結果？還聽說賺了大錢的人，不再像以前那樣，常常帶著妻小上教堂了。

韋伯（可能）經由「（詮釋的）瞭解」，得知一群新教徒將勞動視爲自己的義務，逐步合理化其經營的模式與組織，讓效益發揮到最大，在此有一群新教徒在市場上一直保持著強大的競爭力，這是一種社會關係，可能與個人的信仰、價值體系無甚關聯。然而，我們怎麼可能看到某個區域市場除了新教徒之外，沒有其他的、非新教徒的經營者得以在競爭中存活下來呢？再假設，我們回到宗教改革不久之後的十六世紀末，如果這個區域市場的確如韋伯所言大多數——假若一百個人的五分之四，也就是八十個人是新教徒，那麼，就有二十人並不是信仰新教，爲什麼這二十人同樣能保持著與新教徒相等的或更強的競爭力（因爲有了韋伯喜歡的「合理的勞動組織形式」），而不是抱持著與新教徒相同或相似的經濟倫理，那又會是什麼呢？這不就是我們一直以來想知道的嗎？還是因爲研究者都太疲倦而不想發問了？所以，當有人告訴我們，資本主義的興起是因爲有一群人想榮耀上帝，後來，資本主義的出現出乎「預料之外」，是「結構上的非預期結果」，因爲社會「結構自主性」。當我們聽到這樣的話時，反而高興起來，因爲只要相信就好，沒有必要自己做研究來反駁它，因爲眞的太累人了。

韋伯的「瞭解」可能是誤解，爲什麼？在此僅提供兩、三個理由，以免讀者疲乏。首先，筆者在前書[14]中曾提過，它是一個關於市場競爭（社會結構）的分析，具體而言，無論市場規模，裡頭都存在著某種程度的競爭，光是某行業（例如先前提過的輔大校園西側的五一四巷的早餐店）有一家新加入的業者，就使得競爭加劇（因爲消費者短時間內不會突然增加，所以利潤將會縮減），光這個原因，都會促使該行業業者想要（更）努力賺錢，以免遭到淘汰，這恐怕與某種經濟倫理無關。其次，若是韋伯認眞進行「詮釋的瞭解」，他很可能會發現，新教徒除了想要榮耀上帝而努力賺錢之外，商人的行爲動機也滲雜著報復性的心態在作祟。假設這兩位新教徒從小在一起長大，在同一個教會裡，青年時期還追過同一個女生，甲教徒後來在情場上被淘汰，此後，只剩下商場能與乙教徒競爭，於是，甲教徒努力賺錢也眞是爲了榮耀上帝，可是，他也從未忘記要賺更多錢，好讓乙教徒「歹看（丟臉之意）」。其實，這個故事清楚的來龍去脈都不是藉由「詮釋的瞭解」，對筆者而言，這太高深。說句老實話，筆者只是「將心比心」而已，咸信這種方法不會被社會學家所認同，更別提讚美。再者，一個更簡單的理由是，有錢人通常更喜歡比較物質層面之事物，因爲物質讓大多數的人清楚地知道自己能炫耀什麼，而不用多加解釋。因此，昂貴的絲綢、明朝青花瓷眞品、豪華馬車、俯視著萊茵河的城堡等等，在他們榮耀上帝的同時，也滿足多少富裕新教徒的虛榮心。

簡言之，韋伯運用「詮釋的瞭解」聽起來很有說服力，但可能簡化了富裕新教徒的心態。除了榮耀上帝之外，還可能存在著其他目的。於是，資本主義的起源不一定只有新教徒的行動與其意義而已，還有其他，只是韋伯（可能）忘了告訴我們。若是這樣，就不宜用「預料之外」或「結構上的非預期結果」（結構自主性）來解釋資本主義。因爲如果同意韋伯的「預料之外」或「結構自主性」的話，也意味著同意韋伯的資本主義起源說，但這不合理，只可惜不少人（至今）仍然對此深信不疑。

高承恕說，經濟倫理充其量只是韋伯龐大研究中的一部分而已，其重要性遠不如「結構的韋伯」，因爲這位所謂「結構的」韋伯其實花費不少時間在分析政治、經濟、法律、制度、宗教、貨幣等層面，應該值得我們花點時間討論。所以，的確有不少學者認爲「結構的韋伯」應該得到更多關注才是。不過，對此，筆者懷疑「結構的韋伯」存在的眞實性。

「結構的韋伯」

學者們的注意力經常被韋伯其他更吸引人的論點所惑，幾乎總是沒有給「結構的韋伯」足夠的注意力。不過，如果其「歷史的」分析僅止於「草草了事」的話，筆者倒覺得可以將「結構的韋伯」視爲「不存在」。我們還是先看學者們如何看待何以「結構的韋伯」能吸引人。本小節安排如下，首先，舉出四位學者的看法，證明確實有一群學者認爲「結構的韋伯」確實是存在的，而且，正因爲如此，他們會認爲學界應該更在意「結構的韋伯」也就不讓人感到意外；其次，高承恕與張維安教授對於行動—結構二元對立之問題提供給我們的解決之道；再次，既然研究者被告知最好走入歷史，那麼，或許有必要知道什麼是歷史？

「結構的韋伯」之重要性

經由檢視學者們對於長期被忽略之「結構的韋伯」，我們將會看到其重要性，在此介紹四位學者。首先，Guenther Roth（羅斯）於一九七〇年代初期曾經針對韋伯方法論說出看法，他認爲研究韋伯的人往往只留意到韋伯理念（類）型（ideal type）的建構及其運用，也就是說只注意到其類型的分析（typological analysis）。然而，另外兩者，其一是關注行動者的動機與其行爲之意義的情境分析（situational analysis）；其二則是歷史的（historical）或發展的分析（developmental analysis）這個層次[15]。可以這麼說，雖然看法不盡相同，或許還可能是南轅北轍，學者們的確熟知韋伯的類型學分析；另外，「行動的韋伯」的確比任何人都關心動機與意義，極擅長運用「詮釋的瞭解」來進行情境分析，在新教徒這一群體裡，韋伯探索其經濟倫理如何產生資本主義時，已經充分展現出能力了。Roth提醒我們，倒是「結構的韋伯」較少人留意，當然，Roth如此建議時，同時已經表明自己支持「結構的韋伯」在歷史研究中有其值得肯定的貢獻，否則，他就沒有理由建議讀者要多留意另一個韋伯了。

第二，上述Roth的說法，相信會得到高承恕的高度肯定。不過，我們還得看看高氏自己怎麼說的，除了高氏曾經讚美韋伯將社會學與歷史學結合得完美無瑕之外，當他在稱頌韋伯最重要的概念工具理念（類）型時，高承恕說：韋伯的「理念類型的建構主要應用在歷史發展的分析」。簡言之，高承恕認爲韋伯學說是建立在「結構性的」、「歷史的」分析上。具體而言，他主張韋伯無論在理念型之建構，以及他針對幾個世紀以前，近代西方「理性化（rationalization）過程與結構的探討……正好是作爲反省歷史對社會學意義的一個極佳策略點」。高承恕對韋伯歷史意識的高度肯定，事實上擴及古典社會學三大家身上，他告訴其子弟兵們，「在社會學的傳統中，幾乎每一位早期的奠基者都具有一種**強烈的歷史意識**〔粗體爲筆者所加〕……這種意識在馬克思、涂爾幹、韋伯等社會學家的思想中顯得**非常的突出**〔粗體爲筆者所加〕」[16]。先不論涂爾幹與馬克思這兩大家，但韋伯，尤其是結構的韋伯，很明顯深受高承恕所喜愛，雖然，就如先前曾經提過，縱使高氏不可能完全接受來自「結構的韋伯」經過歷史分析而獲致的結論，但大致上，高承恕接受「結構的韋伯」是值得信賴的，這是無庸置疑的。

第三，曾受教於高氏門下的張維安教授可作我們第三個例子，看起來，張維安的主張與其師高承恕教授相差無幾。當年高承恕教授反對實證論者忽略掉行動者的主觀意義，所以，他在一九八〇年代引進詮釋社會學，韋伯剛好是這方面的佼佼者，於是當年研究韋伯的潮流可謂勢不可擋。師徒二人也都留意到，單單一群社會行動者的動機、主觀意義，不易（或很難）解答所有社會問題，因爲行動者雖然可能改變社會結構，然而，社會結構有其自主性，當然，韋伯自己也觀察到這個現象（或問題），於是他告訴我們（高、張二人亦同意）資本主義的產生是非預期結果，因爲結構有其自主性。是故，高、張師徒兩人在不同的時期爲「行動的韋伯」與「結構的韋伯」背書，認爲韋伯從前者到後者之間的轉變，並無太大問題，甚至師徒二人認爲「結構的韋伯」在歷史研究（也就是張維安之「實質研究[17]」）上的表現不凡，其解釋力與「行動的韋伯」一樣値得後人學習，也難怪韋伯在他們的心目中會成爲一代宗師。不過，筆者倒有不同的看法，「結構的韋伯」只是爲「行動的韋伯」服務而已，目的是要讓新教徒的經濟倫理成爲資本主義起源最重要的因素。所以，對韋伯而言，重點就變成：東方（非西方）社會結構因素之分析，必定不能找到「理性（化）」的蛛絲馬跡，否則，就連「行動的韋伯」也找不到其信仰者了。

那麼要如何解決或協調行動—結構的困境（乃至「對立」）呢？解決的方式或有不同，有人說是理性的溝通，有人說某一種「孤獨」的狀態等，張維安與其師高承恕提供給我們的方法都是「走進歷史」（或「歷史社會學」），聽起來相當不錯，如果眞有「困境」的話，只要走進歷史也就走出困境。或者，可能眞的不容易解決這個方法論的問題，所以，有一個兩邊都不得罪的說法，那就是：「社會行動者爲社會結構的製造者，經由將意識賦予他的日常行動，行動者創造他的社會。社會行動者也被視爲社會結構的產物。行動者創造社會結構，並且受到社會結構所塑造，這就是社會過程，也就是**歷史**[18]（粗體爲筆者所加）」」。從這段話可以看出，社會行動者與社會結構相互作用，似乎任何一方都無法脫離彼此而存在，然而論到行動者可以改變社會結構，大概是萬中取一，一萬個之中可能還不到一個；若說社會結構擁有完全的自主性，不受社會行動者所左右，則又很難解釋握有權力的人（像是美國總統或北韓領導人）確實可能改變社會結構。

高、張二人都相信歷史，《中國的宗教》一書，也同時被師徒二人認爲是歷史分析之傑作，亦即高氏與張氏都認爲韋伯因這本書（及其他重要著作）已經「走進歷史」而「走出困境」。然而，這是在高、張二人尚未實際「進入歷史」之前，就這樣告訴我們。本文稍後將會詳細說明，韋伯這本《中國的宗教》大作之內容，實與歷史「事實」相去甚遠，令人難以想像韋伯這位歷史比較大師級人物，竟然會提出如此不合理的論點。筆者發現，關於韋伯學說的看法，或許高承恕與張維安師生存在著細微的差異，不過，他們有個重要的共同點，那就是：兩人都認爲韋伯的「詮釋社會學」可以補充實證主義者從不考慮個體的主觀意義；兩人也都深信韋伯對「社會生活的結構因素」的關注，絲毫不遜色於社會行動的意義；兩人更認爲韋伯將行動—結構看似「對立」的關係，利用歷史社會學來解決行動—結構的二元對立；最後，兩人亦均認定韋伯正是那位將歷史學與社會學兩者進行美妙結合的大師。

第四個例子與前三個例子（分別撰寫在一九七〇、八〇與九〇年代）不太相同，在出版的時間上，它是二〇〇〇年代的例證，因此可以說有其延續性，這位學者是Gerhard Dilcher（笛爾察）。可以這樣說，數十年來，都有學者持續注意到，學術界似乎過度專注於「行動的韋伯」身上，可見此韋伯的重要性絕不容輕忽。但筆者覺得，這不能歸咎讀者，反倒要歸罪韋伯本人才是。說幾個關於韋伯這位大師自己的問題。首先，「行動的韋伯」看起來還眞像是化約論者；其二，「行動的韋伯」專門對付大哉問，像是「西方爲何領先數百年？」之類的問題；其三，「結構的韋伯」之「歷史分析」實在乏善可陳，這個身分的韋伯比起「行動的韋伯」，也就是「化約論」的嫌疑犯，其實好不到哪去，這是筆者的淺見。但Dilcher認爲，過去學者將韋伯視爲社會學、政治社會學，與經濟學這些相關的社會科學之奠基者，然而，最近數十年來，在德國的韋伯研究中已經轉向至「身爲歷史學者的韋伯」（"Max Weber as historian"）。這種「轉向」道出就連德國也忽視「結構的韋伯」好些時日。根據Dilcher的說法，有兩大理由可以說明這個「轉向」，Dilcher認爲：第一，大家開始注意韋伯的大型跨文化比較研究是一種「廣泛的歷史觀點」（comprehensive historical perspective）。第二，學者開始瞭解到韋伯試圖「將社會科學在理論與方法論上植基於包括歷史領域之上[19]」。第一個Dilcher提及的原因，筆者猜想，社會學界應該很少有人能像韋伯這樣，進行如此大規模的「文化比較」研究（即使韋伯在不懂中文、梵文的情形下）。第二個理由，也就是在方法論上植基於歷史研究上，早在一九八〇年代，高承恕教授已經強調過了，就不再贅述。

或許是這樣，數十年來，「結構的韋伯」之所以被提及，筆者試著尋找出原因，也找到比較可能的兩個，其一，「行動的韋伯」實在單薄，倘若韋伯只是看到（他身旁的）一群人特別喜歡賺錢，卻又不愛花錢，並且找到一群人擁有一種其他群體看似沒有的新教倫理。陰錯陽差之下，他們創造出舉世無雙的資本主義，結果這群人帶動身旁的人，不斷向外擴張影響力。日復一日，西歐就成了全球最進步的區域。這結果連韋伯都覺得意外呢！後來，世界各地也都有學者對此感到意外，他們認爲事情應該沒有這麼簡單，必須將之複雜化，「大師」才有存在的價值。

於是，約莫三十年前，高承恕就說了：「在整個人類歷史上來看，這種理性化的生活方式，只有在西方近代社會獲得全面的勝利，成爲西方人的基本生活型態。這是一個相當獨特的歷史發展……影響的因素當然是多元的，韋伯也從不曾企圖將之化約到某一或少數因素來解釋此一歷史現象。但是在眾多的因素之中，韋伯指出基督新教倫理曾經對於這種理性的生活方式（rational-methodical way of life）的促成有相當關鍵性的貢獻……對於**自傳統的解放**〔粗體爲筆者所加〕有重大影響……基督新教在西方理性化過程中雖然不是唯一的動力，卻是一個不可缺的因素……西方理性化的過程及其結果之所以具有這種特色，正是受到新教倫理的影響[20]」。高氏一方面暗示，甚至乃是明說，韋伯是「大師」，不可能不知道我們所處的社會複雜無比，哪會是新教倫理這單一個因素所能解釋？另一方面，他卻又忍不住爲韋伯的「睿智」美言兩句，說：「新教……不是唯一的動力，卻是一個不可缺的因素」。那麼，如果「不可缺」的意思是「一定要有」的話，而且，韋伯曾經說過，這只有西方才能找到，那不是暗示（或一語道出）東方（非西方）就是缺少這個所謂的轉轍器，使整部東方列車只能在「傳統」的軌道上行駛嗎？沒有西方才可能有的轉轍器，這部掛著「傳統主義」的列車又怎麼可能開到其他地方，像是「現代（化）」（「現代主義」）這種車站去停靠呢？這就是筆者曾經在某處說過的，韋伯涉有將「新教倫理」與「資本主義（精神）」之間選擇性的親合關係包裝成因果關係之重嫌。總而言之，單是「新教倫理」這個因素，實在是單薄的沒有人會相信，所以，只得找出「結構的韋伯」，這樣至少看起來複雜一些，相信的人也會多一些。

第二個原因應該與知識分子「獨特的」氣質有關，可能是知識分子的內心世界——所謂「詮釋的瞭解」或許能懂個七、八分——總是需要「大師」的指引吧！就筆者所知，當知識分子一聽到「大師」二字，就開始摩拳擦掌，宣稱自己準備妥當，立即可以全心全意地跟隨其步伐，在學術的道路一展其長才。另一種可能是，知識分子之間也搞點小圈圈，得權得勢的那幾位，「自然而然地」就爲其他名不見經傳者挑選幾位「大師」讓大家隨之起鬨，結果局面演變至此，看起來只是筆者因爲長期以來的默默無聞，於是想發點牢騷而已，但也改變不了現狀。

解決之道：走入歷史、走出困境

實證論者的因果概念是由自然科學移植，現象學對於意義的瞭解又侷限於個人的意識。在這種情況下，兩方面實際上並沒有眞正的碰頭。因果的問題與意義的問題各自有其不同的認知興趣，也各自以不同的角度審視，也就是說不再執著於實證論對因果關係的看法，以及現象學對意義的見解的話，因果解釋與意義瞭解不但可以並存，還可以彼此互補。這問題就必須從**歷史**（粗體爲筆者所加）來加以掌握。如同韋伯的觀點，我們如何將因果的問題視爲在歷史譜系中各種因素之間一種有機的、辯證的相互關係，不再是客觀的法則，因爲解釋非僅不排斥意義的問題，甚至可說，因果解釋能夠提供更佳的歷史意義的瞭解。而從另一個角度來說，意義的瞭解如果基本上不僅是個人主觀意識的問題，而且是歷史情境的掌握，那麼歷史意義的瞭解恰好可以幫助吾人掌握社會現象中的因果關係。實證論與現象學在「因果」與「意義」的對位，遂因歷史面向的掌握而得以消解[21]。

就像其師高承恕一樣，張維安爲我們提出一個出路，一個可能的解決方案，那就是歷史社會學。換句話說，張教授也要我們走進歷史、走出困境。不過，與高承恕亦有所差別，張維安似乎花費更多時間來處理行動者與結構之間的共生關係。用張維安的話來說，即是：「從歷史社會學的角度……把行動者與社會結構看成是相互棲息而相生的關係……我們看到韋伯所關心的是歷史的詮釋，要達成歷史的詮釋便需要結構性與律則性的社會學知識來協助。從這個角度來看，韋伯實際上關注了歷史與社會學，也關注了行動者與結構的面向……韋伯不只是個別的關注到這兩個因素，同時還把它們當作是相生、相成的關係，不是機械的二元性，而是動態的雙生性、相棲性，在此歷史過程相近於『轉化理論』（structuration theory）的風格（Layder, 1987）。韋伯一方面將人類的社會，視爲由社會行動者對他的行動賦以意義所構成，同時也將社會行動者的行動，當作是爲他所在的社會結構的產物……行動者創造社會結構，並且爲社會結構所塑造，這就是社會過程，也就是歷史[22]」。

看起來，張維安似乎只是不斷重複，行動─結構之「雙生性」、「相棲性」，結構必須由行動者創造出來，但是，當結構被創造出來之後，又限制著行動者，行動又必須在結構裡才會產生意義，然而這種意義也非全然客觀，因爲意義乃是行動者所賦予的。然後，住在社會裡的人們（應該稱「行動者」，正在）創造社會結構，行動者又被社會結構所形塑，張維安說：「這就是社會過程，也就是歷史」。當然，行動者都有其動機與意圖，然而，他們的社會行動，就一定是「歷史」。關於張氏這種說法，筆者深表懷疑。因爲，過去發生的事件不會自動成爲「歷史」，就筆者所知，「歷史」經常是有權有勢的人決定我們「應該」知道什麼？又「應該」忘掉什麼？回到社會行動，張氏認爲所有行動都會成爲「歷史」，其實不然。

何謂歷史？

看來，我們也得花點時間談談「什麼是歷史」，既然高承恕與張維安都認爲歷史是如此重要。Edward H. Carr（柯爾）在回答自己的問題——「歷史是什麼？」，他便指出：「此爲歷史學家和事實之間，持續不斷的互動過程，是過去與當下的現實之間不停的對話[23]」。柯爾的定義告訴我們，致力於描述歷史發展的歷史學家無可避免地必須在如何處理「材料」、「事實」、「觀點」等方面做選擇。本文接著將闡釋歷史學家作爲近代和遠古事件主觀詮釋者的觀念。

在理解我們的過去時，詮釋有至關重要的作用。若非總是如此，過去也通常是由重要且相互關聯的事件所構成。在不同研究人員的思維中，對事件的重要程度的判準可能也各不相同。故此，這些學者或許會選擇探索不同的問題、研究，並獲得新的結論。即使辯論的問題相同，但在不同歷史學家之間，其獨特視角可能會有出乎意料的發現，而這可能是其他學者有意或無意間所掩埋的內容。畢竟在研究中，難免要做出判斷，包括討論哪些議題、蒐集哪些材料、選取什麼視角、運用哪些研究方法，欲得出哪些結論，或驗證命題的眞僞等等。換句話說，即使儘可能力圖得到客觀和全面的成果，但經過良好培訓的人，也幾乎不可能完成所謂價值去除（value-free）的文章。以上說法告訴我們，即使是東、西方歷史比較大師韋伯也難以排除他主觀所持之價值，更何況，我們已經看到韋伯的「歷史分析」（或「實質研究」）乃是受到西方哲學二分法的影響，其「理念型」也好，「詮釋框架」也一樣，在韋伯走進歷史之前，他已先將「現代主義」穿在西方（國家）身上，「傳統主義」則套在東方（中國）身上了。

簡言之，「歷史」二字不應該只是拿來跑龍套，或者是讚美某位大師而已，研究者應該親自走入歷史，選擇重要的、過去發生的事件，並且用更好的方法，找到更合理的解釋。

那麼，既然高氏、張氏師生二人都建議「走入歷史」，那麼，我們來看看韋伯的大作《中國的宗教》如何帶我們「走出困境」？還是令人陷入絕望？

《中國的宗教》裡的「歷史分析」

基本上，高承恕教授與張維安教授二人對於《中國的宗教》一書，除了認爲可以拿它來反駁眾人對韋伯是個人主義的化約論者，並且，師徒兩人對這本書的「歷史分析」均抱持著高度肯定的態度。我們先看看高承恕是怎麼說的，他說：「在《中國的宗教》一書中，〔韋伯〕他並不是把儒家思想本身視之爲唯一的決定因素。而是把儒家所形塑的價值體系與其他制度化的結構交互作用來看。其全書一半以上的篇幅是在討論中國社會結構的不同面向，舉凡貨幣制度、城市與行會、家產制國家、血緣組織與法律等……即使書中的**論證有誤解**〔粗體爲筆者所加〕……但至少我們可以肯定韋伯並不是一位天眞的唯心論者或文化化約論者[24]。」

高承恕教授是否囿於時間不得而知，然而他選擇不進一步歷史分析則是確定的。其目的只是爲了證明大師韋伯絕非坊間才疏學淺的「學者」——筆者就是個明顯的例子——所描繪的心理學化約論者。然而，他辯護韋伯的方式，似乎有「小題大作」之嫌。說了半天，就是希望讀者別再拿「化約主義」這種小鼻子小眼睛的研究取向套在大師的論點之上。只是，筆者倒覺得有些許遺憾，高氏強調歷史學在社會學的重要性，爲何不直接「走入歷史」呢？還是因爲傾全心地信任韋伯所做的歷史分析呢？或許吧。高氏曾經提及「基本上，韋伯所企圖掌握的不只是倫理、價值體系本身，而是這些倫理、價值體系與其他社會結構因素所形成的一個集合整體（constellation）。其對西方的分析如此，對中國社會的分析亦大致不離此原則[25]」。「信任」在朋友之間可說是相當重要的倫理，高承恕如此相信大師韋伯對西方社會的歷史分析，也將這樣的信任投射在東方（中國）社會的分析上頭。這段話告訴我們，高承恕相信韋伯對中國的分析正確無誤，但這是他的猜測，而不是他經由「歷史分析」而獲得的結論。至少在東、西方文化交流上，從倫理的角度來看，這是一樁美事。只是，「歷史比較研究」豈可用類推的方式去進行嗎？相信高教授是這樣傳授給他的學生，他的學生後來當了老師，再傳給學生們，一代傳一代，大師的地位愈形穩固，師公也是。

看完了高教授的說法之後，我們再看看弟子張維安對於韋伯這本《中國的宗教》的看法，他說：「在用來對照西方而寫的《中國的宗教》……一書中，韋伯……相當重視社會背景及結構因素的掌握……可以當作十足的社會結構分析的著作。雖然本書的關鍵性主張不在此處，而是放在儒、道學說對世界的態度上，再由此關聯上價值與意義的問題，和西方基督新教做若干對照。但本書所表現出來的是，韋伯並沒有完全的被囿限在方法上的個體主義[26]。」張維安這一段話，有幾點應該稍加留意，其一，他提醒我們，即使這本書在方法上是屬於結構的、歷史的，然而，此書的關鍵處不在這裡，可以這麼說，高氏（與張氏）都將此書當作「結構的韋伯」確實存在的證據，但其實，張維安（可能）說溜了嘴，意思是，雖然韋伯也關心結構的問題，但重點仍擺在儒家與道家對世界的態度上，也就是說，韋伯只是拿結構的分析來當幌子，眞正的目的仍爲證明新教徒所持的經濟倫理是爲了要「改造世界」；儒家與道家則只是「順應世界」而已。前者是積極的、入世的；後者是消極的、出世的。韋伯又一次將我們帶回到「二分法」，可以說，其結構的、歷史的分析，還是爲了服務個體主義的分析。換句話說，「結構的韋伯」（筆者強烈懷疑是否存在）只爲服務「行動的韋伯」而已，難怪韋伯的歷史分析並非那麼具有說服力。在此，我們先回顧這位「大師」先前的錯誤。

一位「大師」的歷史分析

本書先前已討論過韋伯的大作《中國的宗教》一書，指出當中有兩個錯誤，其一是韋伯在沒有盡力進行「都市研究」之前，就堅持中國城市直到「現代」（指二十世紀初期）爲止，看起來仍像莫斯科的農奴時代那般。關於城市，西方那裡都有某種程度的自治權，但東方（中國）卻沒有[27]；其二是韋伯指出不少中國封建中世紀，但同時也承認中國早在漢朝就已廢除封建制度，當然，這或許只是小錯誤而已，漢學家都可能出錯的，更何況韋伯並非專業的漢學家，不過，至少沒人這樣稱呼過他。這本傑作，雖然不是大部頭作品，然而，裡頭內容豐富，可以說包羅萬象，治中國的政治、社會與經濟，以及思想（當然還有宗教）於一爐，難怪有人認爲《中國的宗教》足以稱爲「整體史」的著作。先前，筆者只先行討論兩個錯誤，算是點到爲止。這裡，我們繼續「未竟之功」，用更多篇幅來討論。因爲我們還得確認「結構的韋伯」是否有存在的理由。如先前章節所述，所謂「結構的韋伯」之歷史分析，即使不能用「錯誤百出」加以形容，應該也可以說其偏差的論述，簡直到了「俯拾即是」的程度。當然，在我們彎下腰來撿拾錯誤時，得留心腰痛之痼疾。我們來看其中的少數幾個吧！在此先看「四大錯誤」，再看「七項缺失」。

四大錯誤

首先，在該書第一章討論中國的貨幣制度時，韋伯提出一段極不具體的論述，讓人難以相信這竟然是一段從歷史學家的口中說出來的話，更何況號稱是所謂東、西方歷史比較研究的大師級人物。韋伯是如此說的：「貴重金屬大量增加的財富，無疑是導致了貨幣經濟的大幅發展，特別是在國家財政方面。然而，這發展強度並不足以動搖**傳統主義**（粗體爲筆者所加），而毋寧是更**強化了**（粗體爲原文所有）它。就我們所能得知的，資本主義的現象，是一**點也沒有**〔粗體為原文所有〕被激發出來[28]」。從上述段落中，很清楚顯示韋伯內心的想法是：無論如何，「傳統」中國壓根兒不能有資本主義，因爲「傳統主義」得和「封建」、「落後」，與「停滯」綁在一起才有意思。萬一中國眞的有哪個地方（例如南宋以來最富裕的長江三角洲）看似有資本主義的模樣，那麼，暫且就先讓資本主義萌芽吧！否則，故事就無法繼續說下去，因爲這地區所生產的產品在國內與國外的市場銷路都相當不錯，並且，至少從南宋到盛清（康、雍、乾）這段期間，這地區比起同時期的歐洲最富裕的英格蘭地區，在各種指標上幾乎都是有過之而無不及[29]。

鴉片戰爭之後，中國的國勢因爲內亂與外患明顯開始走下坡，那麼，先前的領先反而變得難以解釋，再加上其他原因——例如知識分子的灰心喪志、馬克思的歷史階段論，使得資本主義在萌芽之後，非得隨即枯萎不可。如此，「沒有資本主義」（幾乎）就變成華人知識界（甚至全球）的標準答案，什麼都不必再說，也無須再進行研究。韋伯對西方資本主義崛起的看法（與東方中國沒有資本主義而衰退）儼然成了知識界共同的「信仰」，我們只要相信就可以。此外，要社會學家（與其學生）再花時間去閱讀（相對繁瑣的）歷史，簡直是在攪擾他們平日悠閒的生活！因爲「傳統主義」難以破除，中國怎麼可能發展得起來，這樣要如何「超英趕美」呢？難怪有位韋伯的鐵粉——顧忠華教授，也是Wolfgang Schluchter（施路赫特[30]）的學生——曾撰文說，幸好中國發生文化大革命，將

「傳統」的阻礙予以摧陷廓清，才有今日改革開放後的成果[31]。簡單說，「傳統主義」這個理念型，其實是研究者經過不少努力之後，所形成的一種詮釋框架（解釋架構）。當然，如果運用得當的話，對理解千變萬化的社會有其作用。筆者在先前著作，亦曾撰文說明韋伯爲社會學界引介理念型，然而，爲了成就其「高貴的」理念型，許多看似「草芥的」歷史事實，韋伯只瞧了一眼，就如敝屣棄之路旁。

然而，韋伯學說中亦有許多論點受到西方哲學「二分法」所影響，在其論述中，我們可以發現二分法的蹤跡[32]。具體而言，西方現代主義（資本主義）／東方傳統主義（封建主義），當這個詮釋框架形成，爲要「證明」自己的解釋架構是合理的，韋伯「自然而然地」挑選出那些符合的例證，來支持其詮釋框架（或理念型），那麼，我們所該做的就是：走入歷史，看看還有什麼是被韋伯（與其粉絲們）視而不見，甚或刻意遺忘的。

然而，身爲一九八〇年代東方「韋伯熱」的推手（之一），高承恕還爲韋伯說說話，他認爲「新教倫理」只是促進資本主義發展的單一因素而已，韋伯沒那麼笨，新教倫理頂多（至多充其量）只是不可（或）缺而已，韋伯怎麼可能說它是單一因素？是不可能。但是，「不可缺」與「一定得先存在」有何不同？沒有。筆者覺得，這只是另一個「換句話說」而已。資本主義精神在非西方世界找不到「先存在」的任何跡象，也就沒有資本主義，經濟也就自然無從發展。雖然，「新教倫理」只是個「單一因素」，但它所試圖解釋的還眞是不少。接著，我們檢視下一個論點。

第二，如果我們稍懂禮貌一些，暫時別說韋伯是漢學之門外漢，那麼，這位東、西方歷史比較研究大師，不知道中國歷史（或者說常識）的部分，還眞不少。韋伯說：「我們西方的官僚體制資齡尚淺〔難得謙虛啊！〕，部分才從自治的城市國家的經驗中學習而來。中國的皇權官僚體制則歷史悠久。中國的城市其外形所顯示的，主要是理性行政的產物。其一是皆有圍柵或牆垣……〔然後〕改朝換代即意味著遷都或至少是更換都名。定都於北京最後總算成爲定案，但直到晚近，其作爲一商業及工業品輸出中心的程度，仍然非常有限[33]。」這段話裡，有不少論點値得深究，其一，韋伯認爲一個城市有城牆，是理性行政的象徵，這到底是爲什麼？只因城牆能夠禦敵？因爲可以確定誰是城鎮居民？還是其他原因。但不管它（們）是什麼，這讓人難以理解城牆與理性兩者有何關聯？其二，北京這個城市在元朝即是都城，明朝於永樂年間從南京遷至北京，主要目的是爲了防堵蒙古人[34]。所以，本來其目的就不是爲商業，也不是爲工業發展進而成爲輸出中心，因爲明朝的工商業中心位於長江三角洲（江南）。雖然，我們知道韋伯不可能拿中國的另一個城市來與北京做比較，但我們同樣不知道韋伯拿北京與西歐的哪個城市對比，進而發現北京「商業及工業品輸出……非常有限」。除了貶低中國城市的發展這個理由以外，韋伯做這樣的比較實在讓人看不出到底有什麼意義？

第三，「結構的韋伯」所強調的是，除了關心行動者的動機以及其行爲的意義之外，韋伯的專長還得包括對歷史進行分析，畢竟他被「公認」爲東、西歷史比較的大師。想必韋伯對清朝的盛世有其獨特看法與獨到的見解。他認爲，十七世紀中葉至十九世紀末「竄升到大約三億五千萬到四億之譜……中國人名聞遐邇的營利欲（*Erwerbstrieb*）……展現開來，積聚可觀的資產。不過……人口與物質生活雖然有高度的成長，但中國人的精神生活卻仍然保持完全靜止的狀態；經濟領域裡雖存在極有利的條件，但就是不見有任何朝向資本主義發展的端倪……一般人民的努力……絲毫未能粉碎上述的限制。情形顯然恰好相反……（最終導致）帝國的財政力量顯然應付不了對外政策上的需要所帶來的沉重壓力[35]」。很明顯，韋伯嚴重地受到二分法的影響，一旦談到中國，無論經濟發展得再好，商業再怎樣繁盛，國際貿易順差再怎麼高，就是無法突破「傳統主義[36]」。既然，韋伯無法否認清初盛世經濟繁榮、人口增長的事實，爲了保有他理念（類）型──「現代主義」、「傳統主義」、「資本主義」，與「封建主義」──的有效性，（可憐的）韋伯所能做的，（再次）只剩下心理學的化約主義了。

於是，韋伯堅稱，自十七世紀中葉到十九世紀末葉，兩百多年來中國人的精神生活匱乏，分毫沒有長進。然而，我們還不能眞的以爲韋伯這位大師眞的關心清朝中國人的身心狀態，因爲他所關心的是自己的理論（理念型）是否能夠繼續「有效地」解釋中國「落後」的狀態，所以他才會說，即使是在什麼都很好的中國，然而，整個國家「就是不見有任何朝向資本主義發展的端倪」，因爲唯獨這樣，其「傳統主義」理念型才能繼續套用在（清）中國身上。除此，筆者想再略談盛清之後的財政壓力。其實並非如韋伯所想的，是因爲「對外政策上的需要」而導致。筆者認爲，除了地方民變，像是捻亂、回變，太平天國[37]耗費軍餉之外，鴉片戰爭之後，外國列強屢次發動戰爭侵略中國，「索賠」的龐大金額，這些賠款與向國際銀行融資，正是壓垮清朝財政的主因。或者，韋伯所用的「對外政策的需要」，若是委婉的說起來，那麼其所指的，應該與筆者心裡所想的一致。只不過，筆者不相信韋伯所言在暗示什麼特別的事。

第四，韋伯在《中國的宗教》這本傑作中，在不少地方多次提及了他的中國經濟爲何「落後」給歐洲的看法，他說：「自古以來，中國主要是個內地貿易的國家，這對於提供廣大地區的需求乃是不可或缺的。然而，由於農業生產重於一切，是以貨幣經濟直到近代幾乎都還比不上埃及托勒密王朝時的發展程度[38]」。中國自古以農立國，口頭上對於農民相當尊重，不過，這只是士大夫的理想圖像而已，社經地位——士、農、工、商——的排序可以略窺一斑。人類社會從漁獵時代逐漸轉變到農耕時代，直到大多數地區是以農業爲重，但這並不意味著這樣的社會、國度必然輕視商業活動。中國自漢代開始，獨尊儒家，因爲不少西方學者（韋伯是顯例）認爲中國的商業必然不發達，更遑論資本主義的產生。

然而，這種謬論讓人覺得就連花點時間去反駁，研究者（包括現在的筆者）都可能會覺得這只是在浪費時間。爲了避免時間耗費在爭論此一「問題」上頭，筆者僅提幾個看法便足以推翻中國商業不發達的論點。首先，韋伯所言之「內地貿易」的宋朝國內市場因爲解決交通瓶頸，由華北、華南，以及相對孤立的蜀圈得以連結一氣，形成巨大的國內市場，當時「省」與「省」之間的貿易量都大於歐洲的「國際」貿易[39]。

在歷史上，中國與西方都熱衷貿易，但明清時期頒布的海禁政策被視爲何以西力東漸時難以招架的原因。本文已證明過，若將觀察的時期拉長，在海禁實施的二百五十年間之外，事實上，早在宋朝（九六〇年～一二七九年）之前，中國早已熱烈投身於海上商貿活動。在隋朝（五八一年～六一八年）大一統之後，由於對海疆的重視，南中國海的海上交通遂逐漸繁忙起來。在隋煬帝大業年間（六〇五年～六一八年），有通商往來的地區遍及東南亞、南亞，乃至波斯地區。在這時期，爲確保海上航路不受阻礙，隋煬帝遣使出訪東南亞諸國、印度與波斯。例如差派常駿出使到赤土國，由廣州取道暹羅灣。赤土國住民主要由印度移民組成。這個大國扼暹羅灣到麻六甲海峽之海上航路的咽喉。使節常駿不負眾望地完成任務。從而，在隋朝時，赤土、眞臘（Khmer Kingdom of Kampuchea）、婆利（Borneo）、占城（Champa）皆遣使來隋促進邦誼，當時南中國海航路可說平靜安穩[40]。另有隋朝使節團（如：李昱等）奉派經由麻六甲、印度洋，前往波斯和遠邦締結邦交。與此同時，約在七世紀在南中國海有爲數眾多從波斯和印度前來的商船，使得廣州、交州和楊州成爲最繁榮的港埠。在隋朝之後，唐朝（六一八年～九〇七年）依然促進陸路和海路的貿易活動，其中海上貿易是跨越九十餘國、三個月和二萬四千公里航程的海上絲路，在八、九世紀時成爲連結東、西方世界最重要的海上絲路[41]。這樣便有理由認爲，在晚唐、乃至宋元兩朝以後，中國不能稱爲「內陸國家」（亦即並未經由海洋與他國來往[42]）。韋伯所認爲中國「自古以來」都是內地貿易，這完全不符合歷史事實，如果對中國歷史不甚瞭解，至少請別用「內地貿易」一詞含糊帶過！

正因爲自古以來都是「內地貿易」，所以，韋伯繼續推論，並且拿他印象不是很好的家族、氏族緊密的親緣關係大做文章，他說：「氏族團體強力地支持家計的自給自足，因此限制了市場的發展[43]。」一方面，韋伯說中國人有強烈的營利欲，一方面，又說氏族在「傳統主義」的思維下，殫精竭慮地支持「自給自足」，只求足夠，無須費心累積財富並且進行再投資，如此市場的發展自然受限。當然，這是矛盾之處。不過，我們倒也習慣「傳統主義」這個理念型的詮釋框架底下所出現的不合理說法，對韋伯（及其眾多粉絲）而言，中國在不同時期的經濟繁榮現象，即使硬塞也難以全部納入「傳統主義」這個理念型的狹小空間裡。當然，還是得讓大師保持風範，所以，粉絲只能依舊擠出熱情，而那些對於韋伯有些許微詞者，隨著時間流逝，倒也學會只睜一眼，閉起另一隻眼，口中喃喃自語：「我還有其他的事要忙。」

七項缺失

至此，筆者已經分析韋伯《中國的宗教》這部傑作的四個問題，雖然，不敢說（也無法證明）是該書中最嚴重的問題，不過，光從以上幾個問題應該足以說明韋伯這位貴爲東、西方歷史比較研究大師之尊，就連中國歷史還算是基本的問題都不甚瞭解，這不只是讓曾經全心全意相信（或「信仰」）韋伯的學者們情何以堪，更是辜負成千上萬粉絲們苦心培養的學子們，因爲他們在若干年後的一個夏日午後，發現自己居然被以前的老師給教壞了。正想要怪罪老師的時候，發現老師早已退休，過著無憂無慮的生活，在離墾丁不遠的地方，天天看著美麗太陽落海時所發散出的璀璨光芒。看情形，雖然無法挽回什麼，但是，筆者還得證明這位號稱「結構的韋伯」所完成的「歷史分析」，其間錯誤簡直到「罄竹難書」的境界。是故，筆者得再加把勁，列舉幾項啓人疑竇的說法。限於篇幅，筆者僅提七個韋伯可疑論點，茲簡述如下。

第一，韋伯凡事以歐洲經驗爲「正常」，於是他說：「……牛隻數量的不足，牛很少被宰殺（特別只是爲了供奉犧牲的目的）；也沒有飲用牛奶的習慣……[44]。」韋伯應該連中國人吃豬肉多一些、牛隻大多用來耕作而非食用的這些事情都不清楚，所以他認為中國人不像歐洲人一樣喝牛奶而感到可惜，雖然他沒明講這是中國衰弱的原因之一。

第二，韋伯說：「中國的稅務機關，由於土地測量技術太差，所以在土地的再分配……遭遇重要的難題……這顯示丈量技術中缺乏三角測量法。個別耕地的丈量甚至都難以和古日耳曼的測量技術或羅馬測量技師（Agrimensoren）真正原始的技術相比。驚人的測量錯誤——與中世紀銀行家的錯誤計算不相上下——簡直是家常便飯[45]。」不知道華人學者是否早就習慣被西方學者看輕，所以，即使看到這種說法竟也覺得無所謂，還是因為根本沒仔細看韋伯到底曾經說過什麼？不過，論到「傳統」中國的測量技術，這世界欠華人一個公道。證據顯示，一四九二年哥倫布「發現」新大陸時，事實上，哥氏手中已有來自東方（中國）人所繪製的地圖，換句話說，哥氏只是拿著地圖旅行而已。就測量技術而言，最少要等到哥氏「發現」美洲的一百年之後，歐洲測量經度的技術才成熟，也就是說，十五世紀末，歐洲根本沒有足夠的測量技術去「發現」新大陸[46]。

第三，前述韋伯是西方的法律專家，但對中國「傳統」法律體系一知半解，他說：「在刑法的領域裡……在犯罪構成要件上已有相當程度的提升〔韋伯堅信中國法自秦朝起即停滯！〕……將犯罪的動機也加入考量。這些法令也已經有系統地匯集於《大清律例》中。不過，在我們西方人的觀點裡應列為最重要事項的諸種私法的（privatrechtliche）規定，卻幾乎完全沒有（有的話，也是間接的）[47]。」事實上，「傳統」中國的確沒有一部民法，但像是民法這樣的「細事」（戶婚田土錢債）主要（先）由民間調處，並非直接上告法院（官府），韋伯根本不知道中國法律運作的文化，自然不知道其中國「傳統」法律體系之獨特性。

第四，韋伯對中國的書寫系統亦不懷好意，起因很可能只是因爲看不懂幾個大字。韋伯說：「在中國，舉凡禮儀之書、曆表、史書的撰寫，都可以追溯到史前時代。甚至在最古老的傳統裡，古代的文書紀錄也被認爲是具有巫術性的，精通他們的人即被認爲具有巫術性格的卡理斯瑪。」韋伯認爲「（中國）文化一直保留著圖像的特色，並未**理性化**（粗體爲筆者所加）爲地中海商業民族所創造出來的拼音字母的形式……[48]」。韋伯並非是訕笑中國「象形」文字的第一位西方人，但從上述幾句話來看，他蔑視中國書寫系統的程度應該不下任何人才是。

第五，爲表現出西方專業化的官員，中國的士人被韋伯描寫成沒有任何專業能力，只知道享受個人悠閒生活的讀書人，他說：「封建時期的『士』，以及爾後官方所稱的『博士』——亦即『活書庫』之謂，最重要是指對禮儀的精通嫻熟」。此外，「修身」這件事被韋伯認定是中國的讀書人一生當中唯一應該擔心的事，他說：「……屬天的陽氣……也同樣存在個人身上，這就使得擴展人的靈魂中的陽氣成爲教育（包括修身）的唯一課題[49]」。當然，如果韋伯的「理性（化）」只能在西方找到，那麼，中國的士大夫、官員身上怎麼能找到任何有關「理性」的蹤跡呢？於是，他們所在意者只是「修身」而已，差別只在於地點，在樹下？或者在山洞裡？

第六，我們知道「救贖」的教義對新教倫理能夠形成有其重要性，根據韋伯的說法，教徒亟想知道自己能否得到救贖，是否成爲上帝的選民？但又不得而知，內心產生緊張性，這種焦慮讓新教徒努力去累積財富來證明自己得到救贖。當然，假設信徒眞因爲「不確定性」而如此的話，這種緊張性、焦慮感在別的群體找不到（也不可以找到），所以，韋伯說中國「根本就不曾有任何獨立的宗教力量足以開展出一套**救贖**〔粗體爲筆者所加〕的教義……」。此外，不僅韋伯自己看輕其他宗教並視之爲巫術，而且，他還指責中國官僚階層看不起宗教。韋伯說：「屬於官僚階層的那種主智主義的理性主義得以自在地伸展；與其他文明相同的是，此種主智主義打從心裡就**蔑視**〔粗體爲原文所有〕宗教……[50]。」筆者認爲，韋伯的做法，還眞像是台灣的俚語「打人喊救人」。

第七，韋伯看到歐洲的領先，於是，他在知道這樣的「研究結果」之後（但在仔細研究中國之前），韋伯提供我們幾個歐洲「有」但東方（中國）「無」的制度面之探討（或猜測），對於「傳統」中國，他說：「〔這個國度〕儘管內部交易繁盛，對外貿易（至少有某個時期）也相當可觀，但……**沒有**中古後期的、科學的、歐洲的產業資本主義『經營』的理性類型，也**沒有**歐洲樣式的『資本』形成……**沒有**歐洲式的經營組織之理性的方法論，**沒有**提供商業消息服務的眞正理性的組織，**沒有**合理的貨幣制度……最後是**沒有**眞正的、具有技術價値的商業文書、計算或簿記的系統[51]。」

韋伯上述這一段話，將二分法中西方的「有」與東方（中國）的「無」發揮得淋漓盡致，在韋伯根本沒有（深入）研究中國之前，他已經先公布結果了。現在，如果我們套用鄧小平先生對「好貓」的標準，只要東方（中國）在國際貿易上能得到順差的結果，那麼，東方（中國）無論在「經營」的類型、「資本」形成的方法、提供商業訊息的管道、貨幣制度、商業文書、計算，與簿記系統應該都可以視爲「理性的」或「合理的」。剛好，至少在十八世紀中葉以前，中國在國際貿易上的表現都是順差，可圈可點。所以，就這點實在看不出來東方（中國）要學習西方的任何理由。

綜合前述，筆者檢視韋伯在《中國的宗教》一書裡的論點，包括四大項、七小項，讀者應該可以發現大師韋伯在結構的、歷史的分析上並未比他自己在行動者動機、行動之意義好上多少。簡言之，若就缺乏說服力的程度而言，所謂的「行動的韋伯」與「結構的韋伯」可以說不相上下，難分軒輊。筆者甚至想到，如果某一研究者對於重要的歷史事件（之間）的因果關係，充其量只是胡亂拼湊，我們眞的能放心地稱呼此人爲「結構的某某」嗎？和《新教倫理與資本主義精神》一樣，《中國的宗教》同樣被視爲韋伯的代表作，假使這本書的歷史分析比起「差強人意」還差一些，那麼我們是否應該先將「東、西方歷史比較研究大師」的獎座收在一旁呢？相信這樣會好一點，以免誤人子弟。另外，也許再發個email給德國社會學界，告訴他們韋伯是位法律學家、社會學家、經濟學家，也是優秀的行政學者，只是目前還不宜稱他爲歷史學家。筆者也相信，若高承恕看到以上論述之後，或許會想要收回他過去讚美韋伯的話，那句話的意思是：韋伯是第一位將社會學與歷史學做了美妙結合的學者。最後，筆者相信，如果連這麼重要的《中國的宗教》都是如此，那麼其他的著作——另一重要著作《經濟與社會[52]》，還眞的能稱得上是「歷史研究」嗎？這頗令人懷疑。

簡言之，筆者所持的立場不同於高承恕與張維安師徒二人，筆者認爲，「結構的韋伯」只是爲「行動的韋伯」服務而已，甚至可以說「結構的韋伯」並不存在。對於韋伯學說而言，「行動的韋伯」之重要性遠遠超過「結構的韋伯」，只是「行動的韋伯」仍舊難以跳脫化約主義的譴責。這令人難以想像，一代「大師」、兩個「韋伯」之爭論，竟落得如此下場，實在是始料未及，但還得要試著接受。

高承恕教授作育英才無數，張維安是其一，同樣也在社會學界一展長才。自一九七八年回國，二〇一三年退休，三十餘年來，高教授一直以春風化雨爲其人生的職志，二〇一四年高承恕的學生爲他撰文、集結成冊，成爲榮退論文集。當年的學生，今日的教授

（群）對於高教授的感謝之情可說溢於言表，除了致謝之外，其學生的思維亦能夠讓我們看出當年「韋伯熱」的影響力有多大，三十餘載後，「韋伯熱」將會東山再起？還是日薄西山？爲了回答這個問題，我們得看看他的學生怎麼說，雖然無法逐句引述，但還是應該能一窺其梗概。

東山再起？西薄西山？

筆者認爲，如果我們可以將高承恕教授的學術生涯，極粗略地分爲前後期的話，那麼，或許我們可以說，在前期這個階段，高氏將重心置於反對實證主義、引進詮釋社會學，與介紹韋伯學說等，而後期則帶領著學生直接進入田野，多年的努力之後，爲台灣社會學界留下極有價值的中小企業之田野調查資料。高氏之轉向應該是明顯的，但相信他還是對韋伯學說保持著濃厚的研究興趣才是。

高承恕榮退時，學生爲他撰寫之《西方與東方：高承恕與台灣社會學：理論篇》[53]（簡稱「西方與東方：理論篇」）與《西方與東方：高承恕與台灣社會學：經驗研究篇》[54]（簡稱「西方與東方：經驗研究篇」）二書，或許我們可以從書裡大致看到高教授對其學生的影響，無論是「傳承」或「創新」都是。另外，我們也可以藉此看出高承恕教授對台灣社會學界的影響力可說是無遠弗屆。

《西方與東方：理論篇》

從張維安的著作中，我們大抵上可以看出其論點承襲高承恕教授的教誨，其中一個相當重要的相同之處在於，二人都認爲韋伯的實質研究（或「歷史研究」）亦表現得可圈可點，基本上並沒有太多可被質疑之處。因此，本小節也試著對其他作者進行（簡短）「對話」，雖然他們每一位未必都是高承恕教授的嫡傳弟子，然而至少在部分論點上認同高承恕教授的說法。換句話說，大體上，我們可以發現一個現象，那就是，高教授對韋伯的論點基本上抱持贊同的態度，三十年之後，其表現特別優異的學生對於韋伯的看法依舊沒有太多的批評，幾乎都是全盤接受，但問題正是在此。

在開始前，我們談談「南高北葉」的葉啓政教授爲高承恕教授所撰寫的〈推薦序〉，葉教授總結高氏爲台灣社會學界所做的努力，他說：「高承恕教授對一九八〇年代初期之台灣社會學界最大的貢獻，即：於代表美國主流社會學之實證主義與結構功能主義之外，他爲我們開了另外一扇門，特別是理論思考的門，這個門來自歐陸德的社會思想——批判理論和詮釋學傳統，當然，還有**韋伯的社會思想**〔粗體爲筆者所加〕。再說，這也正是高承恕教授於一九八〇年代的台灣社會學界能夠引領風騷的關鍵[55]。」這沒有錯，當年高氏正是因爲在「南」台灣興起一股「韋伯熱」潮，而享譽兩岸三地華人社會學界，我們看到在「北」台灣葉教授爲高氏的卓越貢獻背書。現在，筆者來看三十年之後，台灣社會學界的「韋伯熱」，溫度或許沒有過去那麼高，但還可以感受得到不少高教授的學生（與友人）仍持著與高氏相似看法，改變也許有，但幅度不大。

首先，在討論德文*Beruf*（天職）這個字的時候，朱元鴻教授藉此表達自己對韋伯治學如此用心而感到不可思議，朱教授說：「……我們只因爲執業社會學便覺得跟韋伯同行；不！韋伯……博學、精讀、能夠在古代與現代各種語文穿梭、所探討的議題處處入當代世界政治的關鍵[56]。」當然，讚美韋伯如此「博學」、「精讀」之後，讀者應該很難看到朱教授反對韋伯的論點才是。其次，苑舉正這麼說：「伴隨韋伯理論研究的深化，高氏歷史詮釋的關鍵性，納入法國以布勞岱（F. Braudel）爲主的『年鑑學派』（l'Ecole des annalles）的研究途徑……整體而言，高氏的社會學研究路徑一直是以資本主義的理性作爲調查對象[57]……。」苑教授所言屬實，但高氏的「歷史詮釋」比起韋伯所做的並沒有多出太多，基本上，高承恕（與張維安）只是「相信」韋伯已經很認眞地進行重要的歷史分析，但筆者卻發現，韋伯對中國所知甚少。更何況，「資本主義的理性」也不是僅只在西歐才能發現，就如高氏所言，「走進歷史」才是解決「困境」之道。

第三，記得在《社會學囧很大2.0》其中一章，重讀韋伯的名著《新教倫理》，希望藉此讓讀者深思韋伯這部經典名著所隱藏的問題。不過，邱德亮教授在幾年前也做了同樣的事，藉此（指「重讀韋伯的《新教倫理》」）「從中汲取研究的靈感，成爲筆者〔邱德亮〕對他〔高承恕教授〕敦敦教誨致意的一種方式[58]」。當然，筆者對於學生如此感念師長的啟蒙印象深刻，不過，爲何西方封建制度轉變到資本主義，就一定得像韋伯所言，非得要有「宗教與非宗教之間的一個關鍵性轉換[59]」呢？東方（中國）原則上並非政教合一的國度，何來「宗教」轉換到「非宗教」的理性化過程？第四，鄭志成跟隨著高教授的步伐，也認爲「結構的韋伯」值得吾人學習。鄭志成先談「行動的韋伯」，提醒我們：「然而，不容忽視的是韋伯對於社會結構面向的關注占據了《經濟與社會[60]》一書中絕大多數的篇幅，例如包括各種各樣的結構面向：共同體（*Gemeinschaft*）、支配類型、宗教、城市、法律、國家、組織、階級、科層制等『宏觀』的分析[61]。」歷史研究並非僅僅列出幾個（結構的）大項目，就認爲韋伯已然完成（十八、十九）世紀的大任務。筆者認爲，韋伯的巨著《中國的宗教》，其歷史的分析似乎難以找到服人之處。

第五，翟本瑞在探討資本主義的未來時，他大略提到大師韋伯，想必是贊同韋伯觀點，因爲沒看到他表達太多不同的意見。雖然，翟教授的重點並不在此，但他的確認爲：「韋伯（M. Weber）……認識到現代資本主義發展乃是西方合理化過程中的一環，代表著一種合理的生活態度，是西方精神文明的產物[62]。」所以，翟教授也同樣認為東方沒有相似之物，可惜這並非實情。

接著，我們再看高承恕教授的學生（及友人）在另一本書上想說什麼？

《西方與東方：經驗研究篇》

韋伯是從分析行動者（一群新教徒）的內在動機開始其研究，這可能讓學者（包括筆者）產生誤解，認為韋伯的論點落入心理學的化約主義。然而，高承恕認為，新教倫理僅僅「是資本主義發展的倫理前提條件而不是物質前提條件」，他繼續談到，「甚至我們可以進一步說，新教倫理只是精神倫理的一部分，其他希臘文化以及羅馬文化的遺產，一樣對精神倫理有重大貢獻[63]」。筆者認為，雖然高承恕試著為韋伯被指責為化約主義而辯駁，但高氏對希臘文化、羅馬文化所產生的精神倫理（對資本主義的起源）有何具體的幫助，倒也沒有深入申述。不過，幾乎可以確定的是，新教倫理只是精神倫理之一部，這種（號稱「獨特的」）經濟倫理「啓動」了資本主義精神，導致社會各個層面的理性化，這是西方獨特的經歷，在其他地方無從尋找，也很難發生類似於西方的事物。這是韋伯告訴我們的，高承恕也是如此認為。所以，新教的經濟倫理很重要嗎？韋氏、高氏都說：不是，還得考量其他層面；然後說，新教倫理不重要嗎？韋氏、高氏說：當然不是，因爲它就像是列車的轉轍器，若少了它，列車不可能轉軌到資本主義的路上，也就到不了「現代性」、「現代主義」這兩個車站，也就只能停在原來的「傳統主義」這個車站了，而這車站，連販賣飲料的小店都沒有（倒有一台沒人去敢喝的飲水機），便當呢？也沒有，只有出爐甚久還沒人買的麵包而已。所以，難道新教倫理這轉轍器不重要嗎？要知道西方就是因爲有了這個轉轍器而領先至今嗎？所以，我們豈能說轉轍器不重要，而只是個小零件？想必韋伯的粉絲們一定不敢，非西方國家的知識分子應該也不敢。

既然經驗研究篇裡談的是台灣中小企業，這與韋伯的論點有何關係呢？如果有，大抵上也是屬於經濟倫理那一類。那麼，高承恕（曾經）告訴學生，經濟倫理（精神倫理）只是許多面向之一，相信其學生應該不會投注太多精力在這個面向才對。果然，經驗研究篇裡，談及不少企業，也略提企業家精神[64]，但除此之外，這些企業的成功與某種經濟倫理好像無關。換句話說，高承恕的學生連經濟倫理都不再談論！當然，這可能與高氏不斷耳提面命有關，因爲他說「經濟倫理」再怎麼重要也只是單一面向而已，其他的結構因素，像是：市場價值的轉型[65]、金融風暴對台商的影響[66]、產業間的加值型合作[67]、銀行商業化與綜合化[68]、港人焦慮的結構原因[69]等——似乎更吸引高承恕教授那些表現相當優異的學生們，看起來如此。

是故，「韋伯熱」是否將在二〇二〇年代東山再起？還是就且讓我們再看一眼無限好的夕陽，就讓它落入海平面以下？目前雖還不清楚，但也許讀者在看完《社會學囧很大1.0》、《社會學囧很大2.0》，再加上這本《社會學囧很大3.0》的系列作品以後，心裡就能浮現出答案來也說不定。

本章結語

本章我們檢視所謂的「兩個韋伯」之爭，具體而言，是「行動的韋伯」與所謂的「結構的韋伯」兩者在方法論上好像難以相容，也就是「韋伯的困境」。雖然號稱是韋伯個人的「困境」，然而也有人認爲這個「困境」是屬於全社會學界，也非韋伯獨有，筆者對此暫不表態。

在本章裡，我們發現高承恕與張維安師徒二人都注意到韋伯在方法論上的縫隙，不過，兩人都認爲「走進歷史」隨即「走出困境」，更重要的是，他們對韋伯的歷史分析也都感到滿意、甚至深表佩服。所以，可以這麼說，雖然二人都解釋「困境」的確存在，但因爲大師韋伯卓越的歷史比較研究之能力，所謂的「困境」——對韋伯、高氏、張氏——乃是不存在的，或者說，原來是存在的，但因爲韋伯走入了歷史，所以，困境便跟著迎刃而解。關於「困境」是否解除？筆者與韋伯、高張師徒二人的看法一致，原因卻不相同。

如果我們不仔細地探究韋伯——具體而言，是「結構的韋伯」——在實質研究（歷史研究）是否真的接近過去所發生的事件之眞實樣貌，那麼，我們很容易就會接受高承恕、張維安等人的說詞。不過，當筆者仔細端詳韋伯的專著之後，「意外」發現韋伯對中國知之甚寡，除了「行動的韋伯」之外，根本不存在所謂「結構的韋伯」。頓時，「兩個韋伯」之爭消弭無蹤，如此一來，也沒有所謂的「困境」的問題了，而這是我們「走進歷史」後發現的實狀。

◆註　解◆

[1] 在本書中，筆者也會論及行動—結構二元論，並且將研究重心放在韋伯的「歷史分析」上頭。具體而言，筆者所欲乃在反駁那些支持韋伯是位既重視行為者動機，也重視結構分析的學者，像是高承恕，與其子弟兵張維安等人。筆者認為，韋伯在結構的、歷史的分析上，其能力遠遠不如他對於行動者（新教徒）動機與意圖之分析，即使後者經常被學者（包括筆者）指責為心理學化約主義。是故，本文不討論葉啓政的大作《進出「行動—結構」的困境》（台北：三民書局，二〇〇〇）。該書的書評，請參照謝立中，〈走出「行動與結構」困境：現代人的難圓之夢——對〔葉啓政〕《進出「行動—結構」的困境》一書的若干評論〉，《社會理論學報》，第五卷第一期（二〇〇二），第一～一九頁；李潔文，〈社會事實與社會解釋的本質問題，評〔葉啓政〕《進出「行動—結構」的困境》〉，《社會理論學報》，第五卷第一期（二〇〇二），第二三七～二四七頁。

[2] 張維安，〈行動與結構——韋伯社會學的不連續性及其出路〉，《中國社會學刊》，第十四期（一九九〇，十二月），第二一五～二三五頁。

[3] 韋伯，《新教倫理與資本主義精神》（北京：北京大學出版社，二〇一二）。

[4] Mary Fulbrook, “Max Weber’s ‘Interpretive Sociology: A Comparison of Conception and Practice,” *British Journal of Sociology*, Vol. 29, No. 1, pp. 57-70; Bryan Turner, “The Structuralist Critique of Weber’s Sociology,” *British Journal of Sociology*, Vol. 28, No. 1, pp. 1-16; Lawrence Scaff, “Weber before Weberian Sociology,” *British Journal of Sociology*, Vol. 35, No. 2, pp. 190-215，引自張維安，〈行動與結構〉，第二一六頁。

[5] Bryan Turner, *For Weber: Essays on the Sociology of Fate* (London: Routledge & Kegan Paul, 1981). 吾人以為，特納並未注意到韋伯之結構的、歷史的分析其實是不清楚，且沒有說服力的，是故，基本上，特納已注意到「結構的韋伯」這件事之上，但謝某倒認為有其缺失，因為事實上韋伯在歷史研究上的表現並非那樣令人滿意。關於此點，Robert J. Antonio在書評中的看法與筆者相近，請參照Antonio, “Reviewed Work: *For Weber: Essays on the Sociology of Fate*, by Bryan S. Turner,” *American Journal of Sociology*, Vol. 88, No. 6 (May, 1983),

pp. 1292-1294.

【6】張維安，〈行動與結構〉，第二一六頁。

【7】Max Weber，《基督新教倫理與資本主義精神》（*Die protestantische Ethik und der Geist des Kapitalismus*）（台北：遠流出版社，一九二〇〔二〇一三〕）；Max Weber, *The Protestant Ethic and the Spirit of Capitalism*, translated by Talcott Parsons, and introduced by Randall Collins (Los Angeles, CA.: Roxbury Publishing Company, 1995).

【8】*Verstehen* 一詞有領會、理解、瞭解之意，係為一種心理過程（intellection）。本文中交互使用作瞭解、瞭悟。

【9】高承恕，《理性化與資本主義》，第六頁。

【10】謝宏仁，第一章〈但理念型還是魅惑了韋伯〉、第三章〈歷史研究、歷史主義與理念型之糾葛〉，《社會學囧很大2.0》，第一五～六八、一一三～一七七頁。

【11】高承恕，《理性化與資本主義》，第六頁。

【12】H. H. Gerth and C. W. Mills, "Introduction: The Man and His Work," in *From Max Weber* (New York: Oxford University Press, 1946)，引自張維安，〈行動與結構〉，第二三三頁。

【13】請參照謝宏仁，第四章〈重讀經典《新教倫理與資本主義精神》〉，《社會學囧很大2.0》，第一七九～二三四頁。

【14】謝宏仁，《社會學囧很大1.0》、《社會學囧很大2.0》。

【15】高承恕，《理性化與資本主義》，第五九頁。

【16】前揭書，第二一、三八、五九頁。對於高承恕這種說法，筆者持相反意見，特別針對是社會學古典三大家。筆者認為，高氏或許是對的，古典社會學三大家都重視歷史。但很可惜，他們至少有兩個共同點：其一，三人對東方（中國）歷史均不甚瞭解；其二，古典三大家可能真的認為歷史是相當重要的（至少對社會學而言），只是他們的研究目的都是偏頗的。請參照謝宏仁，《歐洲中心主義與社會（科）學》（即將出版）。

【17】張維安，〈行動與結構〉，第二二九頁。

【18】前揭書，第二二五、二二六頁。

【19】Gerhard Dilcher, "From the History of Law to Sociology: Max Weber's Engagement with the Historical School of

Law," *Max Weber Studies*, Vol. 8, No. 2 (July, 2008), pp. 163-164.

[20] 高承恕，《理性化與資本主義》，第一三六頁。

[21] 高承恕，《理性化與資本主義》，第四八、四九頁。

[22] Derek Layder, "Key Issues in Structuration Theory: Some Critical Remarks," *Current Perspectives in Social Theory*, No. 8 (1987), pp. 25-46，引自張維安，〈行動與結構〉，第三五、一三六頁。

[23] Edward H. Carr, *What Is History?* (New York: Palgrave Macmillan, 1961), second edition 1986, with a New Introduction by Richard J. Evans (2001), p. 24.

[24] 前揭書，第二〇七頁。

[25] 高承恕，《理性化與資本主義》，第二〇七頁。

[26] 張維安，〈行動與結構〉，第三三頁。

[27] 筆者在先前章節中並未提及自治權，在此略加補充。事實上，自治「權」是一種權利觀社會才可能產生。由於中國是義務觀社會，清末以前並未有權利觀念。筆者建議，韋伯在不瞭解中國社會及中國「傳統」法律的情況下，對中國如此的指責，應該是可以被原諒的。

[28] 韋伯，《中國的宗教／宗教與世界》，第四二頁。

[29] Kenneth Pomeranz, *The Great Divergence: China, Europe, and the Making of the Modern World Economy* (Princeton and Oxford: Princeton University Press, 2000).

[30] 本書稍後將會分析施路赫特這位德國著名之韋伯學說專家。

[31] 顧忠華，〈資本主義「精神」在中國：韋伯學說的當代意義〉，《政治與社會哲學評論》，第二六期（二〇〇八，九月），第一～五四頁。

[32] 二分法並非西方哲學所獨有，事實上東方（中國）也有相似的二元對立，例如，陰／陽；虛／實；神／鬼等。西方哲學二分法若有特殊之處，應該是結合基督教與祆教善／惡二元論，並且好的、良善的部分歸諸西方，壞的、邪惡的均歸於東方（非西方），這在社會（科）會裡不難發現。本書主角韋伯即是顯例。

[33] 韋伯，《中國的宗教／宗教與世界》，第四八頁。

[34] 鄭永常，《征戰與棄守：明代中越關係研究》（台南：成功大學出版社，一九九七）。

【35】高承恕，《理性化與資本主義》，第一〇二、一〇三頁。

【36】按照韋伯的邏輯推論，既然「傳統主義」都足以支撐眾所皆知的營利欲，所累積的財富也不容忽視，那麼，為何還要突破「傳統主義」的限制呢？如果同時期的歐洲在所謂的「現代主義」的引領下，經濟發展未必較佳，那麼，爭論「傳統主義」與「現代主義」孰優，只是淪為意氣之爭而已。如此，為何不花點時間進入歷史呢？

【37】史景遷，《太平天國》，二版（台北：時報文化，二〇一六）。

【38】韋伯，《中國的宗教／宗教與世界》，第三〇頁。托勒密王朝之存在年代是公元前三三二年至公元前三三〇年。筆者謝某懷疑，韋伯若只是為了表達出自己對中國「落後的」貨幣制度之看法，挑選這麼一個國祚如此短暫的王朝著實令人費解。

【39】斯波義信，莊景輝譯，《宋代商業史研究》（台北：稻禾出版社，一九九七）；王國斌，〈農業帝國的政治體制及其在當代的遺跡〉，《中國與歷史資本主義：漢學知識的系譜學》（台北：巨流圖書，一九九三），第二八一～三三四頁。

【40】沈濟時，《絲綢之路》（香港：香港中和出版有限公司，二〇一一），第四八～四九頁。

【41】前揭書，第五〇頁。

【42】張全明、李文濤，《宋史十二講》（北京：中國國際廣播出版社，二〇〇九）。

【43】韋伯，《中國的宗教／宗教與世界》，第一四五頁。

【44】前揭書，第一一二頁。

【45】前揭書，第一一八頁。

【46】劉鋼，《古地圖密碼：中國發現世界的玄機》（新北：聯經出版社，二〇一八）；謝宏仁，第八章〈哥倫布是個騙子〉，《顛覆你的歷史觀：連歷史老師也不知道的史實》，增補二版（台北：五南圖書，即將出版）。

【47】韋伯，《中國的宗教／宗教與世界》，第一五七頁。

【48】前揭書，第一六六、一八五頁。

【49】前揭書，第一六五、一九四頁。

[50] 前揭書，第二〇八頁。

[51] 前揭書，第三一七頁。

[52] 馬克斯・韋伯（Max Weber），閻克文譯，《經濟與社會》（第二卷）上、下冊（上海：上海人民出版社，二〇一九）。先前，張維安為了證明「結構的韋伯」對於歷史分析同樣表現得可圈可點時，就是拿這本《經濟與社會》來說服讀者。他說，該書基本上與個體之行動意義無甚關聯，反而多為結構的分析，在解釋歐洲從封建發展到資本主義，韋伯分析宗教、法律、城市與經濟各種層面，並且進一步指出西方社會發展的多面性，像是「商業復興、城市興起、市民階段的產生、封建體制的式微與科層體制的開展，以及與之相配合的機構，如法庭、大學等，均非直接指向行動者行動意義的詮釋分析」。請參照張維安，〈韋伯論西方中古封建體制與資本主義的萌芽——新教倫理之外〉，《思與言》，第二四卷第五期，第三〇～四八頁，引自張維安，〈行動與結構〉，第二二二頁。

筆者認為，韋伯在該書雖然並非專注於行動者行動意義的分析，但韋伯所持的論點，大抵上仍然可以用「理性（化）」這個概念加以串連起來。然而，張維安運用《經濟與社會》這本書來說服讀者，韋伯不只是詮釋社會學的開山始祖，事實上，他也是一位結構的、歷史的分析專才。不過，筆者對此仍然投以高度懷疑，原因在於，本書業已經討論書中三個韋伯認為不具重要性的「外部因素」，像是「殖民政策」、「貴金屬」、「戰爭」等，筆者咸信，這是歐洲列強在所謂的重商主義、殖民主義，與帝國主義這個階段經常使用的幾項法寶，然而，韋伯卻認為這些在世界史上是可被忽視而不納入考量的因素。但筆者覺得，倘若不是為了替西方列強擦脂抹粉，不然就是韋伯對世界史的理解非常有限。讀者是否記得「合理的勞動組織形式」這個因素，才是韋伯認為重要的，而這個要素可以視為「理性（化）」的一部分。

[53] 王振寰、朱元鴻、黃金麟、陳介玄主編，《西方與東方：高承恕與台灣社會學，理論篇》（高雄：巨流出版社，二〇一四）。

[54] 王振寰、朱元鴻、黃金麟、陳介玄主編，《西方與東方：高承恕與台灣社會學，經驗研究篇》（高雄：巨流出版社，二〇一四）。

[55] 葉啓政，〈推薦序〉，王振寰、朱元鴻、黃金麟、陳介玄主編，《西方與東方：高承恕與台灣社會學，理論篇》（高雄：巨流出版社，二〇一四），第xi～xiv頁。

【56】朱元鴻，〈未成熟的科學魅力〉，王振寰、朱元鴻、黃金麟、陳介玄主編，《西方與東方：高承恕與台灣社會學，理論篇》（高雄：巨流出版社，二〇一四），第一～三九頁（頁一五）。

【57】苑舉正，〈台灣社會科學方法論發展之哲學反思〉，王振寰、朱元鴻、黃金麟、陳介玄主編，《西方與東方：高承恕與台灣社會學，理論篇》（高雄：巨流出版社，二〇一四），第四一～七八頁（頁五四）。

【58】邱德亮，〈救贖經濟的理論性初探：以朝聖的宗教旅行為例〉，王振寰、朱元鴻、黃金麟、陳介玄主編，《西方與東方：高承恕與台灣社會學，理論篇》（高雄：巨流出版社，二〇一四），第一一一～一五五頁（頁一一一）。

【59】前揭書，第一一三頁。

【60】關於韋伯的《經濟與社會》這本巨著，筆者不打算在本書中深入批評。除了篇幅有限以外，本章分析《中國的宗教》一書，發現韋伯不太懂中國歷史，在討論韋伯時，感覺不像是在進行學術辯論，在寫作時，頗有「力不從心」之感，幾乎無從下筆。是故，本文在此將批評《經濟與社會》的工作交給社會學系未來的學生，希望他們也能參與批評「大師」韋伯的工作。

【61】鄭志成，〈認知人類學的二元對立結構做為方法論的理解策略：兼論理解Georg Simmel的社會學嘗試〉，王振寰、朱元鴻、黃金麟、陳介玄主編，《西方與東方：高承恕與台灣社會學，理論篇》（高雄：巨流出版社，二〇一四），第一五七～二〇一頁（頁一七三）。

【62】翟本瑞，〈資本主義必然崩潰：當代金融社會的風險與危機〉，王振寰、朱元鴻、黃金麟、陳介玄主編，《西方與東方：高承恕與台灣社會學，理論篇》（高雄：巨流出版社，二〇一四），第二〇二～二四八頁（頁二〇四）。

【63】高承恕，《理性化與資本主義》，第六三頁。

【64】王振寰、吳翰有，〈台灣製藥產業發展與組織轉型的企業史分析〉，王振寰、朱元鴻、黃金麟、陳介玄主編，《西方與東方：高承恕與台灣社會學，經驗研究篇》（高雄：巨流出版社，二〇一四），第一～五〇頁。

【65】陳介玄，〈社會建構的品牌策略：台灣中小企業轉型中的創新〉，王振寰、朱元鴻、黃金麟、陳介玄主編，《西方與東方：高承恕與台灣社會學，經驗研究篇》（高雄：巨流出版社，二〇一四），第五一～七六頁。

【66】張維安、丘海雄、李宗義，〈淘汰、轉型、升級？：東莞台商的困境與轉變〉，王振寰、朱元鴻、黃金麟、陳介玄主編，《西方與東方：高承恕與台灣社會學，經驗研究篇》（高雄：巨流出版社，二〇一四），第七七～一〇四頁。

【67】陳介英，〈從代工文化到品牌文化：台灣產業的文化轉型與初探〉，王振寰、朱元鴻、黃金麟、陳介玄主編，《西方與東方：高承恕與台灣社會學，經驗研究篇》（高雄：巨流出版社，二〇一四），第一〇五～一三二頁。

【68】林寶安，〈戰後銀行體制的台灣化：從一九七五年修訂《銀行法》刪除錢莊規定談起〉，王振寰、朱元鴻、黃金麟、陳介玄主編，《西方與東方：高承恕與台灣社會學，經驗研究篇》（高雄：巨流出版社，二〇一四），第一三三～一八四頁。

【69】何彩滿，〈壟斷型資本主義與香港日常生活結構〉，王振寰、朱元鴻、黃金麟、陳介玄主編，《西方與東方：高承恕與台灣社會學，經驗研究篇》（高雄：巨流出版社，二〇一四），第一八五～二一七頁。

第三章 無關緊要的明朝

朱元璋跟他的戰友們一起將蒙古人趕回草原，終於重新建立起「漢人」政權。印象當中的大明帝國，在世界歷史與中國歷史裡，應該還算是相當重要的朝代才是。如果再加上鄭和七次下西洋，國祚共計二百七十六年，倘若再計入鄭成功父子的南明，更長達二百九十五年，還長於後面清朝的二百六十八年，但這只是我們一般人的印象而已。如果我們問問大師們，無論是歷史學、歷史社會學，或者是（東、西方）歷史比較研究等領域，他們會說：不！西方早已領先，都已經五百年了，明朝初期之後，中國就開始一蹶不振了。後來，為了讓更多學者後進們能夠更簡單記住歷史科的課程綱要，說詞就乾脆「統一」成：明、清中國是「內向」、「封閉」、「停滯」的時期，明朝只是個無關緊要的朝代。

如果讀者看過《萬曆十五年[1]》這本書，那麼，對其英文原來的書名——*1587, A Year of No Significance*[2]——應該不陌生才對。該書的英文版於一九七九年出版，中文版初版則在一九八五年問世。這本書是中國（華裔美籍）著名歷史學家黃仁宇（Ray Huang）先生的成名作。根據中文版二版的序文提到，當時初版的五萬本中文書已經售罄，這數字絕對是暢銷書才可能有的，可見黃仁宇在華文世界影響力頗大。學術著作要找到有如此紀錄的著作，可說相當少見。黃仁宇教授這本專書，在英語世界，特別是美國許多大學選用爲教科書，另外，尚有法文、德文，與日文等版本，可說是黃仁宇最暢銷的一本書。

本章選擇與黃仁宇教授對話，不只是因爲這本書的影響力而已，也（可能）因爲此書爲大多數西方學者所認同，服膺於西方的優越性，而且，有意無意間，對西方知識體系在全球的傳播可說是推波助瀾。《萬曆十五年》一書的寫作風格極其特別，這年在明朝萬曆帝（一五七二年～一六二〇年）的統理下，並沒有什麼特別的事發生。當然，就中文書名，其實看不出所以然，但如果我們將英文書名直譯的話，它可翻譯作《無關緊要的一五八七年》。西元一五八七年，是萬曆皇帝即位的第十五年，看起來就像一個由許多瑣事組合起來的一年。可以這麼說，明朝——這個對黃仁宇而言，是一個無關緊要的朝代[3]——因爲早已「停滯」，所以，處處可見這個朝代殘破敝敗之象。不過，由於該書的寫法相當特別，風格與一般學術著作迥異，倒是不容易直接看出作者到底想表達什麼？黃仁宇將明朝「停滯」的幾個原因，全部隱藏在看似沒什麼重要性之一五八〇年代所發生的事。

不過，黃仁宇先生的大作爲何與韋伯有關呢？乍看之下，的確還看不出來，但定睛一望，原來黃仁宇整本大作（只）呼應韋伯的說法，也就是西方是現代的、進步的，而東方（中國）是傳統的、停滯的。具體而言，黃仁宇的《萬曆十五年》為韋伯提供了明朝（中國）即「停滯」的證據。也許因為韋伯在西方受到廣大讀者群的喜愛，黃仁宇先生亦跟著受惠，其幾本大作都相當暢銷，影響力不容小覷。

與「無關緊要」略有不同，本章嘗試尋找一些發生在明朝，且有些許重要性的事件與讀者討論。內容主要分為三大部分，首先討論「西方領先五百年」這個「定論」，西方學術界抱持這樣的看法，似乎可以理解，但非西方國家也加以支持，共同支撐起「歐洲中心主義」與「西方的優越性」，這倒讓人感覺不可思議。我們接著略談世界經濟體系理論，與近來通過的一〇八（二〇一九）課綱，當中是如何支持這樣的看法；其次，瞭解《萬曆十五年》所申述的七件看似不重要的事，在當間被黃仁宇忽略的歷史分析，以及提出一個比黃仁宇的「大歷史」更大的史觀；第三，黃仁宇的「大歷史」與他發現的「數目字管理」之間的關聯，我們得知道「數目字管理」之用意、黃氏心中的解釋框架，也就是西方的「有」與東方的「無」，資本主義與「數目字管理」之間的關係等等。

我們先探討「西方（已）領先五百年」這個看法。

西方領先五百年?!

近代史至今仍然漫著如此「詭異」的氣氛，西方之所以爲今日的西方，乃因西方擁有某些東方所沒有的特質，不然，西方的「特質」看起來將是平凡無奇。若要回答西方爲何領先，學者早已習慣這樣簡單的解釋，有個可能的原因是，大家都很忙，沒太多時間「走進歷史」；但這也得怪罪「歷史」本身，對於某一事件，例如哥倫布（沒有）發現新大陸[4]，當中就有至少幾種不同的解釋，讓人無所適從。陰錯陽差地，西方領先（至少）五百年的這種說法已成定局，歐美學者——像是韋伯、馬克思、世界體系大師華勒斯坦（Immanuel Wallerstein），與Giovanni Arrighi（阿律奇）等——如此認爲，非西方學者——高承恕、黃仁宇、黃宗智（Philip C. C. Huang）、經君健，與傅衣凌等——則儘可能地配合。至少這部分與到海外學習「高階」知識有關，仰慕比較圓的外國月亮。自然科學如此，社會科學應該更嚴重，因爲影響了人們如何看待歷史與世界的角度。

只因爲很多人認爲這樣，習慣就變成「自然」，而試著提出異議，像是筆者之類，日後可能成爲眾矢之的。但行文至此，也難以回頭，只得頂著砲火繼續衝刺。在本章中，僅對華勒斯坦的世界體系理論，與最近的一〇八年（二〇一九年）「新課綱」有關世界歷史、世界觀的部分提出筆者的意見。簡單說，西方學者所建構出「西方領先五百年」的解釋框架，有點可惜地，非西方學者（包括教育部、文化部等政府單位）沒有能力提出不同意見。不僅未加批判或質疑，還竟然全盤接受，並且順理成章地硬塞給下一代。

我們先來看世界經濟體系理論，因爲這可是「歐洲中心主義」的代表作，將「西方領先五百年」、「西方的優越性[5]」發揮得淋漓盡致。

世界經濟體系理論

說實話，筆者自一九九六年至二〇〇五年就是浸淫在世界經濟體系學派的學術圈中，這個算是了不起的學派，將自己隱身在賓漢頓紐約州立大學（Binghamton University, State University of New York, SUNY）社會學系小小的天地裡。不得不說世界經濟體系理論是個「不艱澀但複雜」的學說，因爲筆者一直想開介紹世界經濟體系理論的課程，但總因力有未逮而只能打消念頭。執是之故，限於篇幅，筆者僅引用剛才提過——支持「西方領先五百年」說——的高承恕對華勒斯坦幾句話的看法，用以闡釋華勒斯坦的話，高氏的陳述如下：

> 談到西方國家科層結構的興起，我們必須再把時間倒回去十四世紀的封建危機來談。

十三、十四世紀以來封建的危機不只是經濟單面的。當其經濟基礎陷入困境之時，原有的權力結構亦產生了變化。最主要的是封建領主的勢力被削弱了。相對地，這給王權一個重新集中其權力的良機。長期以來由於人口的減少、農民的逃離、暴動反抗，以及貴族間的爭戰，使貴族不得不向國王做許多的讓步，國王也藉此增加其財富與權力……國王……力量的來源主要有兩方面：一是行政管理下的科層組織（administrative bureaucracy），二是一支有力的常備軍隊……國王……建立了他的軍隊以及行政的科層……並且透過這新的政治結構決定了經濟政策，這對中古時期而言是**截然的轉變**（粗體爲筆者所加）[6]。

吾人暫且不談其他的。在上述這段話之中，筆者認爲最應當注意的論點是西方「截然的轉變」，記得旅美學者王國斌曾說過，東方（或非西方）學者經常透過西方人的眼睛看世界，用歐洲經驗回頭來檢視東方（中國），結果經常找不到任何有意義的「轉變[7]」。換句話說，以歐洲經濟來觀察世界上其他地區，便難以發現與歐洲相似的經驗，故此很快地獲得「結論」：非西方國家並未產生有意義的變遷。但實際的狀況是，學者不願意進入非西方國家的圖書館，看看那裡究竟發生什麼事（這可得花上不少時間），只挑選簡單的方法去檢驗東方（中國）而已，當然也就無法看到任何有意義的轉變了。

這裡，高承恕教授所認定西方中古時期「截然的轉變」，當然就是華勒斯坦所謂的

「現代世界經濟體系」（Modern World-System / Capitalist World-Economy[8]）的起源或誕生。自十五世紀末（或「十六世紀」，指一四五〇年開始）歐洲開始向外擴張，逐步征服（幾乎）所有非西方國家，將各國「包含進入」（「納入」，incorporate）所謂「歐洲主導的」經濟體系裡，包括中國。具體而言，這段期間剛好是黃仁宇先生頗感興趣的明朝中國，起於十四世紀中葉，亡於十七世紀中葉，一個朝代要持續這麼久，好像也是不太容易。或許西方的知識體系（總是）認爲，西方爲一些化外（uncivilized）「國家」帶來了更「現代」、更「進步」的事物，像是典章制度，還有槍砲武器等。因爲向來明朝被認爲是一個「內向[9]」、「停滯」的國度。

可是，問題在於，西方國家到十五世紀末才「發現」新大陸，之後逐步占據海外殖民地，遂行增加財富之目的，不間斷加大利潤的「數目字」，其間大部分採用高壓的「管理」技術來壓榨勞動力。西方如何領先五百年？西方的優越性表現得最好的部分（可能）是軍火設備的現代化，並且，再運用歐洲中心主義的知識體系來教育被殖民地區的知識分子，環環相扣，缺一不可。當然，最好是能夠讓（先前的）被殖民國家或地區的政府單位，像是教育部、文化局，來爲西方知識體系背書，順便算鈔票。對於幾百年前做了壞事的西方國家而言，這眞是個暗自竊笑的好理由。不久前，我們剛好有個例證。

一〇八「新」課綱的附和

在這小節中，我們來看台灣這個不是很大的島嶼是如何看待這個世界、看待人類數百年來的歷史，其教育單位到底出了什麼問題，讓其年輕人身受其害；但要求青年學子記下某些「規定」的人，居然完全不知道自己深陷「歐洲中心主義」的泥淖，也不知道自己正擁抱著「西方的優越性」，更不清楚自己就像黃仁宇，認定「西方領先五百年」了。

我們得先談談十九世紀中葉以來，東方（中國與日本[10]）知識分子要如何在「資本主義」底下過活，無論是學術生活，抑或是日常生活。總體而言，中國的歷史學者——包括本章的主角黃仁宇先生，無論他「理智和情感交織[11]」如何豐富——爲史學界導入不甚適用之概念來書寫歷史，Timothy Brook（卜正民）認爲這是知識分子「作爲資本主義世界體系邊陲知識分子之經驗的結果」。不難理解，知識分子期待著看到「現代」中國的誕生，於是「資本主義」幾乎變成不二法門，他們藉由「透過中國與資本主義的關係」進行思辨。簡言之，「資本主義」被二十世紀初的中國知識分子當作理解中國的起點。那麼，處於世界邊陲的知識分子，到底要如何面對「西方的優越性」——也就是支撐著「現代性」的知識體系的根基——而得以自處？於是，他們強化了「晚近歐洲的崛起」和「非歐洲長久的落後」兩者間的對比。更重要的是「以歷史的觀點加以定型化」，具體而言，西方後來的確領先了，但不是早從五百年前就領先了。換句話說，關於明朝已被西方（某國家）超越，這種說法是不切實際的，但卻成爲當今的主流想法，相信黃仁宇先生對此「貢獻」良多。時至二十一世紀的今日，黃仁宇先生的說法，仍然廣爲流傳[12]。

這麼說，西方人用自己的學理、知識、視角來書寫近代史，在中國的知識圈裡流傳時，並未遇到阻礙，相反地，「由於這種近代史大力宣揚資本主義事蹟，因此亞洲的知識分子覺得也有必要將亞洲寫入其中，或者以資本主義的觀點來書寫亞洲」。於是，中國的知識分子只能在「沒有資本主義或欠缺現代性」的情況下撰述中國的歷史[13]。「資本主義」在韋伯那個年代起，就被當作西方崛起的原因，當歐洲開始向外擴張時，同時也是「資本主義」在世界上各個角落贏得勝利之時。於是，「西方的優越性」至今仍然普遍流傳在非西方國家的知識界裡。一直跟隨美國社會學界鼻息的台灣學界也自不例外。

「新課綱」與歐洲中心主義

本文以下將偏重在與歷史觀、世界觀直接相關的部分。當然，這不表示其他課綱中的問題不重要。我們馬上討論在新課綱當中所發現的幾個問題，主要圍繞在「歐洲中心主義」（或「西方的優越性」、「西方領先五百年」）觀點下所看到的偏頗世界。筆者在此僅列舉出三大問題，或稱「三大罪狀[14]」（這的確言重了），以下逐一敘述。

罪狀一，高中歷史第二冊之第四單元「近代西力的衝擊」，這單元的主題一爲「帝國體制的傾頹」，其第二個重點是「西力衝擊與西風東漸」，筆者對這部分頗有微詞，想花點時間來察看這新課綱是怎麼寫的。關於重點二的說明一—二的第二點是「西力衝擊與西風東漸未必都是負面的，可擇要從不同層面予以探究和評估」。現在，我們簡略的以「評估」鴉片戰爭這件事來舉例。筆者並不清楚教育部的官員們所思考者爲何？鴉片戰爭到底有哪些層面是正面的？是西方人爲東方（中國）帶來「現代性」嗎？還是用槍砲激勵了清廷應該長進，跟上西方進入現代的腳步？抑或是吸食鴉片者後來過得不順遂，這是報應，對年輕人富含教育意義呢？現在，讓筆者謝某來說說鴉片戰爭造成的影響，本文在此僅簡略加以說明[15]。

事實上，「鴉片」戰爭爲的是茶葉，所以，有人建議鴉片戰爭應該改爲「茶葉戰爭」，這倒不容易。英格蘭持續地向清朝購買茶葉，這就讓有點愛錢的王室成員開始恐慌，因爲白銀持續外流至中國。當時，歐洲各國在重商主義的意識形態影響下，普遍認爲貴金屬是國家力量的象徵，白銀外流代表國力的喪失。可是工業革命後數十年的英格蘭，居然還找不到讓中國消費者喜好的商品，向來我們熟知一句話——「機器生產（品質）不敵手工製造」，可說是消費市場的眞理。然而眞實的景況是，中國工匠的技藝純熟，英格蘭機器大量生產的商品，難以虜獲消費者的心，更何況無論是珠江三角洲或是長江三角洲的居民老早就被寵壞了，他們的品味特別高，冰冷的機器生產出來的東西，品質似乎還有待加強。於是，印度這塊殖民地就被英格蘭挑選爲種植毒品鴉片的地方，聽說在孟加拉那裡，還將毒品加工成中國人喜歡的味道，難怪有人說「需求創造供給」。雖然鴉片這毒品能置人於死，但產銷的暴利可以讓人暫時忘記了別人的死活，也忘記了道德二字要怎麼寫才能寫得漂亮。即使雍正（一七二二年～一七三五年）在位時就下令——而且後來其子嗣還三令五申地——禁止吸食與販賣鴉片，但在民間仍有這麼段順口溜：「你若不吸福壽膏，枉在世上走一遭」。著迷至此，毒害也深。

然而，英國王室受到金錢欲望的驅使，發動鴉片戰爭，這件事與大使馬戛爾尼（George Macartney）並無太大關係。英國王室眞正在乎的，根本不是馬大使到底磕不磕頭，而是白銀外流至中國。因爲在重商主義之下，貴金屬代表國家實力，也是王權彰顯的象徵。簡單說，英國人購買茶葉，付出白銀，但是不甘心錢被賺走，荷包空空。於是想賣點東西出去，來賺點錢給王室。但王室起頭又找不到合適的商品，最後，商品是找到了，只是不合法而已，所以，只好用大砲轟開城門，來強迫推銷。教育部的官員們應該「不知道」，或許不曾在乎過「鴉片」戰爭的眞正起因，英國人不喜歡自己做生意失利就開戰這種不光采的事被張揚出來，就利用「磕頭」這件事加以掩飾，但他們萬萬沒有想到效果出奇地好，東方（特別是中國）國度裡的人們還信以爲眞，數十年來主管教育機關居然從沒想要違背英國人的意思，但這倒奇怪了，是誰納稅給這些官員們當薪水用的呢？

罪狀二，高中歷史第三冊之第四單元「歐洲勢力的崛起」，主題二「近代早期經濟與社會的變化」，其中重點之一「資本主義經濟與世界體系的形成」，說明一提到：「本單元討論近代早期，亦即十六到十八世紀，世界經濟與社會的變動。這個時間世界經濟發展的特色是商業資本主義的興起，新航路打通後，西歐國家擴張遠洋貿易，加速商業資本主義的發展。在同一時間，東亞的中國，由於美洲白銀的輸入刺激物價上漲，促進工商業的成長，也出現商業資本主義的現象。」說明二述及：「透過遠洋貿易，歐洲人逐漸將世界整合在一個資本主義世界經濟體系中。十七世紀的美洲、東南亞、中國沿海、台灣與日本，都被納入此一貿易網路之中。」本文接著來討論單元四的主題二當中的兩個重點。

本文認爲，「歐洲勢力的崛起」這個單元，可說是展現西方優越性最具代表性。首先，新航路打通之後，西歐國家擴張遠洋貿易，加速商業資本主義的發展。那麼，原本早已存在的遠洋貿易，像是阿拉伯人在印度洋、東南亞，與南宋之間的貿易，難道不能算是擴張遠洋貿易？也不算加速商業資本主義的發展嗎？很明顯，這是刻意強調西方對世界經濟體系的貢獻，而忽視東方社會的興盛。再試問，在十六到十八世紀，非洲人對加速商業資本主義難道沒有貢獻嗎？當時有多少黑人青年（被迫）拋棄親人來到美洲，並且「全心全意」爲西方人累積財富而奉獻畢生勞力呢？其次，在一五〇〇年到一七〇〇年之間，中國因爲美洲白銀的輸入，造成物價上漲。這點沒錯，但教育部在教科書裡亟欲陳明由於物價上漲使得人民生活更加困難？但這樣並非全貌，而只是畫面的一小部分。爲何不說明當時的中國由於大量輸出絲綢、棉花，與瓷器，產生巨額貿易順差，乃是白銀大量輸入中國，進而導致通貨膨脹的原因。爲什麼當中國在經濟表現亮眼時，教育部竟然略去不談，卻僅強調物價上漲，基層人民日子難過呢？當然，教育部如此關心基層人民，倒也不是壞事，然而，再怎麼富裕的社會裡，底層人民也不可能過得多好。

再來，新課綱的說明提到，「十七世紀的美洲、東南亞、中國沿海、台灣與日本」因爲歐洲人「透過遠洋貿易……逐漸將世界整合在一個資本主義世界經濟體系中」。那麼，十七世紀中葉，明朝爲清廷取代，但朝貢貿易不是仍繼續著嗎？十七世紀末葉、十八世紀初葉，不正是大清盛世嗎？外國列強還想著如何到中國經商賺錢，然而中國也有頗愛財的王室，但爲何是歐洲人將上述地區整合進資本主義世界經濟之中呢？美洲、東南亞、中國沿海、台灣與日本這些地區的人民難道不會做生意，非得等到歐洲人的到來之後才能學會做生意？才會被西方人告知商人們應該會比農夫多賺一些？這麼說，爲何不是歐洲人到東方尋找做生意的機會？當然，歐洲人所到之處，只消靠黑船大砲，能征服就征服，並取走他們想要的東西，對於無法征服者——例如中國——只好先問問「主管機關」是否可以做點買賣？這是重商主義（殖民主義、帝國主義）的貫用技倆。

罪狀三，雖然從前面的敘述中，我們就略窺新課綱的基本論調，但別忘了還有第四冊，教育部要歷史老師談談亞太地區與位於南半球的非洲。當然，相信學生也會有興趣。第四冊的主題三是「非西方世界的危機或轉機」，重點置於「非洲與亞太地區：從被『發現』到被『殖民』」。新課綱的說明三—二提醒老師「南半球的非洲、亞太地區長期（**近五百年**）（粗體爲筆者所加）以來處於歷史文化的『邊緣』，一直被歧視和忽視……（老師或出版社）可以上溯自他們如何被『發現』，一直到十九世紀被『殖民』，以及如何**被動地**（粗體爲筆者所加）納入『世界體系』之中。而各地百姓微弱的、無奈的自主性吶喊及其『在地文化』（indigenous culture）也值得注意」。以上的說明，有幾點需要加以留意。

首先，新課綱認爲「近五百年」來，非洲與亞太地區（包括中國）長期處於歷史文化的「邊緣」。然而，這五百年真的都是如此嗎？那麼要如何解釋明清時期的蘇州，其服裝時尚曾流行在太平洋彼岸，也就是西屬美洲，深受當地喜愛呢？另外，更誇張的是，歷史科新課綱的第三冊，也就是「近代早期的思想與學術」主題，說明三—三提到「十八世紀歐洲文化則有一股『中國風』（Chinoiseries），欣賞中國庭園與品味，嚮往中國的儒家思想與自然神論，讚揚中國的科學與文官制度。這些對中國的認識，對啟蒙運動有一定的影響」。新課綱這段話所要陳述的是，啓蒙運動受到中國的影響。照理說，在十八世紀應該是「東風西漸」的時期，假設我們暫時忽略馬可波羅那個年代西方對中國的熱愛。換句話說，當時，中國的歷史文化應該處於世界的核心而非邊陲，這是第三冊的「說明」所要告訴我們的。既然如此，爲何在第四冊的說明當中，新課綱要學生知道「非洲、亞太地區長期（近五百年）以來處於歷史文化的『邊陲』，一直被歧視和忽視」。如果這不是新課綱的大矛盾的話，那麼，就是教育部的官員擁抱西方的優越性，將一四九二年之後的歐洲擺在世界的「核心」（所以其他地區才成爲「邊陲」），但同時又不敢放棄（歐洲流行的）「中國風」這個歷史事實，以致於在高中歷史科第三、四冊出現此種鑿枘難容的衝突。

其次，自從非洲和亞太地區（併拉丁美洲等）被「發現」與被「殖民」之後，而「被動地」納入「世界體系」之中，這種說法實在讓人難以苟同，特別是東亞的朝貢貿易體制。因爲這制度實行超過千年，自隋朝（五八一年～六一九年）之後，這制度逐漸演變成以中國爲象徵性中心的朝貢貿易體制爲主的「國際關係」，直到明成祖達到高峰。外國人想要進入這個體制做生意，通常需要官方的許可，那麼，像明朝這樣的朝代到底要如何「被動地」「納入」世界體系之中呢？其實，教育部所言之「現代」「資本主義」「世界經濟體系」，筆者謝某倒是有粗淺的瞭解呢！畢竟當代有一個學派就叫現代世界（經濟）

體系學派，英文叫做The Modern World-System School，乃是由國際社會學大師級教授華勒斯坦（Immanuel Wallerstein）在紐約州立（賓漢頓）大學（Binghamton University, State University of New York, SUNY）社會學系設立的。筆者覺得，這個社會學系實際上是個用「歐洲中心主義」看待世界的科系，擁抱「西方的優越性」並且抱得很緊的知名學派，因爲筆者在那學派裡頭「呆」了將近十個年頭。歲月如梭，時光荏苒。

相信不少人知道，華勒斯坦同樣認爲是歐洲人將世界上的其他地區次第「納入」（或「併入」，華氏所用的動詞是incorporate，名詞則是incorporation）世界體系之中。非西方世界是「被併入的」，這說法與教育部所持的觀點若合符節，還眞是不曉得教育部是否曾經拜讀華勒斯坦的大作?!所以，西方是「主動的」，東方是「被動的」？好的都歸西方，壞事則由東方（非西方）來承擔？

看來學者T. Brook（卜正民）眞的言中，非西方國家知識分子的附和，可以作爲「西方知識體系」建構過程中（最）重要的組成部分。如果這個知識體系的「消費者」覺得這些產品不具說服力的話，那麼，這項產品要大賣可說非常困難，機會乃是微乎其微。黃仁宇先生正是掏錢出來買的那位慷慨消費者，臨走前，他還大方的說：「不用找零了。」

《萬曆十五年》：一個無關緊要的朝代

對於明史的「專家」黃仁宇而言，明朝是個「無關緊要」的朝代。爲何如此說呢？本小節中，首先有必要釐清《萬曆十五年[16]》與「大歷史」兩者間的關係，也因此，至少我們得（概略地）描述各章的內容。的確，這部歷史著作的寫法與一般坊間書籍頗爲不同，雖然各章所要介紹者，與一般人對歷史書籍的認知相較起來，看起來並沒什麼重要性，然而，卻都與黃仁宇的「大歷史」有關。其次，我們也得瞭解爲何在黃仁宇的想法裡，這個朝代會如此庸拙不堪？爲何對黃仁宇來說——或許不只是明史研究專家而已，而應該說中國的（大）歷史專家覺得——明朝之國祚不算太短，但爲何竟成爲一個無關緊要的朝代？

與黃仁宇選擇以「大歷史」視角所看到「無關緊要」的明朝，筆者謝某認爲明朝是個「必要」的朝代，因爲它已經發生了，而且，在歷史長流之上，確實有個朝代叫「明朝」，並且國祚延續了二百七十六年，在諸朝代中算是「長壽」的。試想要維持一個朝代過完近三百年的歲月，談何容易，怎麼能說是個「無關緊要」的朝代？不過，筆者這種質疑方式恐怕仍不易說服讀者，因此還得再進一步說明，這樣才能讓「對話」進行下去。這個論點是：黃仁宇的「大歷史」不僅無法看到更「大」的畫面，而且還不清晰，這點出人（包括黃氏本人）意料之外。

《萬曆十五年》與「大歷史」

我們得看看這本書裡頭到底寫了什麼？至少我們得稍微瞭解各個章節到底說了些什麼？該書共有七章，訴說著不同的故事。首先，我們敘述七個不同的故事，其中的共同點，就是它們看起來都不重要，至少作者想要呈現這個訊息。其次，我們藉由作者的論述，來瞭解其「大歷史（觀）」，黃仁宇教授希望藉由他的視角讓我們能看得更遠也更清晰。

不重要的七件事

《萬曆十五年》這本書的第一章〈萬曆皇帝〉述說萬曆自幼年即位，首輔張居正掌政治實權，政治實效的確卓著。張氏強調行政效率，不屑於文官集團標榜的仁義道德，對於那些孚眾望者也同樣不放在眼裡。再加上張居正任用私人，這也引來文官集團的不滿。張氏的萬貫家財，也非全然取之有道，因此張居正去世之後，攻訐紛至沓來，最後被無情地清算。第二章〈首輔申時行〉，講述著繼任之首輔申時行，他一改張氏之作風，期望與文官集團合作，於是不斷地舉行禮儀與經筵來推廣他所強調的「誠意」，但萬曆選擇缺席，這樣一來皇帝與群臣之間的嫌隙日深，少了皇帝，禮儀與經筵頓失其意義，誠意戛然而止。申時行有心調和卻力有未逮，最後黯然下台。第三章〈世間已無張居正〉與第四章

〈活著的祖宗〉倒是可以合起來一起看，主要討論萬曆與群臣之間的衝突，由於萬曆偏愛三子朱常洵，希望他成為太子，不過這會動搖倫理綱常。因為萬曆的願望無法實現，於是他決定以怠工來對抗文官集團。黃仁宇認為文官集團至終將掌握國家事務的實際處理權，特別是在文官制度趨向成熟之際，此時，皇帝的主要功能就只剩下參加各種禮儀來護衛其君臣倫常而已。第五章〈海瑞——古怪的模範官僚〉欲引出明朝官僚運作問題。海瑞雖重視法律，但倫理道德為其行事之指導原則，不過，以道德取代法律充其量只是一種浪漫的情愫罷了。第六章〈戚繼光——孤獨的將領〉講述萬曆年間，倭寇勢力大起，戚繼光揉雜傳統武器與先進火器，創立鴛鴦陣，戚氏的改革可說功勞不小。不過，即使如此，因為明朝的衛所兵制始建不久，逃亡情形即相當嚴重、組織渙散，再加上後勤補給制度的缺陷、裝備落後等，改革計畫最後仍被束之高閣。第七章〈李贄——自相衝突的哲學家〉試圖瞭解思想界的困境——士人追求聖賢之道；另一方面，與平常百姓無異，他們依然難以克服物質之誘惑。李贄強烈不滿於文人這種心態，但自己也為此窘境所困[17]。

貫串《萬曆十五年》一書七章內容的是「傳統主義」的理念型。我們從而看出，在明朝萬曆年間，「停滯」、「落後」、「不可預測」（無「數目字管理」），也就是「傳統主義」這個理念型。為什麼如此說呢？例如，黃仁宇選擇強調文官只在乎倫理道德，卻不願提及科舉擢才，吏、戶、禮、兵、刑、工等六部的專業分工；萬曆皇帝因立皇儲的問題，用怠工、不處理國事的方式來表達其抗議，但國家的治理卻還是穩定持續，這是因爲專業的分工，大多數文武官員仍各司其職，即使當中有行事風格怪異的模範官僚；衛所兵制並非沒有缺點，但在明朝末年也打過幾場勝仗，也許補給、軍備大有問題，但對手更有問題；想法不爲時代所接受者（例如筆者謝某）比比皆是，反倒是掌握學術霸權者，名留青史，卻未必能在思想上讓人耳目一新。黃仁宇企圖利用李贄來呈現明朝「整個」思想停滯的窘境；這裡，雖然尚未提出深入的證據，只是先暫以常識來質疑黃仁宇這本大作而已。或許讀者可能還知道，那就是：萬曆年間，明朝正經歷其第二次經濟繁榮時期，向菲律賓輸出不少高階產品，像是絲綢、瓷器。這些貨品由馬尼拉大帆船載運到西屬美洲，而這還只是與外國貿易的部分而已，黃仁宇的「大歷史」對此竟然興趣缺缺。

簡言之，爲了成就「傳統主義」這個理念型，著名歷史學家黃仁宇對中國歷史竟不是切心研究，反而是爲求理念型的完備，選擇放棄歷史分析的機會。稍後，本文將逐一反駁黃仁宇在這七個章節裡的主要論點。在這之前，他書中的一段話，毫不掩飾地吐露其心聲，我們會看到黃仁宇「大歷史」史觀的眞正企圖。

黃仁宇的「大歷史（觀）」

以下這段話，是黃仁宇先生在一九九四年爲中文版《萬曆十五年》寫〈序〉時提到，他說：「萬曆十五年，公元一五八七年，去鴉片戰爭，尙有兩個半世紀，可是其時以儀禮代替行政，以無可認眞的道德當作法律，是爲傳統政治的根蒂，在大歷史的眼光上講，已牽連明清；又因中央集權，財政無法核實，軍備只能以低級技術作一般準則，若從大歷史的角度檢討，即使相去二百五十三年，也不過大同小異[18]。」讀者至少應該略微知道，「大歷史」係指以「長時間」、「遠距離」、「寬視野」的角度來進行歷史分析[19]。這與前二章高承恕教授於一九八〇年代（首次）將法國年鑑學派大師布勞岱爾（F. Braudel）介紹給學生的史學方法一致，可見「大歷史」的重要性。不過，本文發現，黃仁宇與高承恕兩人樂於分享給對方的共同點有四，一是，他們既喜歡韋伯，也受其影響；二是，兩人都以爲韋伯懂東方歷史，是名符其實的歷史比較研究專家；三是，兩人對中國歷史（與世界歷史）都不甚熟悉；四是，兩人都不介意人們多讀點歷史。

我們先談談黃氏與韋伯論點的「親合關係」，這種關係，或許讓人直覺地感受到，當黃仁宇在閱讀韋伯（筆者猜想）時，一定特別容易產生共鳴吧?!黃氏——高承恕亦同——認同年鑑學派的長時間、大範圍的歷史比較分析，是故，他認爲，在過去有不少人認爲一八四〇年的鴉片戰爭[20]是清朝中國衰弱的起點；然而在布勞岱爾的啓發之下，黃氏將時間往回溯至萬曆十五年（甚至之前）的明朝中國，也就是說，黃仁宇支持前述的Niall Ferguson（弗格森）——還得加上華勒斯坦、教育部，與該部培養出來的歷史老師們——

的說法，西方領先全球大約有五百年的光景，自然而然地東方（中國）落後了五百年。既然落後，那麼黃仁宇總得告訴我們到底爲什麼東方（中國）在五百前就被西方追趕過了。或許，黃氏應該知道明朝中國事實上還有些可圈可點之處，像是絲綢、瓷器大量地銷往鄰近國家，工藝水平還保有優勢才對。於是黃氏知道自己不能認眞進入歷史分析（實質研究）之中，否則，他將無法說服讀者，明朝——特別是萬曆年間——中國便狠狠地被西方抛在腦後。於是，他找到的一位學習對象，就是韋伯。雖然黃氏並沒有明說，當然，也不能明說，否則黃氏一代史家的地位可能不保。在韋伯「二分法」的教導之下，又出現一位東方的知識分子，自然而地將他所蒐集到的歷史「證據」放入其已經設定好的詮釋框架——像「傳統主義」這個理念型——之中，在詮釋的同時，還認爲「證據」能持續不歇支持自己的論點。由此可以看出，黃仁宇將中國開始落後於西方的日期往前挪移，從一八四〇年推到一五八七（萬曆十五）年，將近三百年。對西方人而言，眞是大功一件。對於「新」史觀而言，黃氏的「大歷史」在華文學術界更是奠定穩若磐石的基礎。

所以，雖然黃仁宇沒有明說，在相對於西方「現代主義」理念型的解釋架構所指引，黃氏腦海中浮現出韋伯的「傳統主義」，並且認爲這是可以串起全書每一章節的一條軸線。試想，如果耗費許多時間，撰寫幾篇不同主題的文章，卻無法將之串連的話，那麼，豈不是前功盡棄了？正是。所幸，韋伯眞是個好幫手，難怪世界有那麼多人喜歡他，黃仁宇心裡應是如此盤算著。於是，黃氏「利用」自己絕妙的文筆，嘗試全然不同的寫作風格，而完成《萬曆十五年》這部大作。全球（應該有）上百個爲其撰寫書評者，好像沒人發現黃氏是在韋伯之「傳統主義」理念型框架的窄小窗櫺前，幫我們遠眺大明帝國，這皇朝乃是「傳統」中國的代表作，可說是一個暮氣沉沉、停滯不前的國度，可能不只是落後，相較於西方的進步，可說是「倒退」著。用黃氏的話，具體來說，「儀禮代替行政」，與「道德當作法律」，以人治爲主的「中央集權」，讓官員上下其手，以致於「財政無法核實」。此外，由於不重視科學，是故，「軍備只能以低級技術作一般準則[21]」。簡單說，黃仁宇認爲，毫無疑問的是，在「傳統主義」束縛下，明朝中國什麼事都做不好；相較起來，西方即使什麼事都不做——還眞是如此呢！——也比明朝中國還來得好，不只是在一五八七年而已，在之前也是。接下來，我們得看看《萬曆十五年》這書上還有哪些問題？基本上，筆者認爲這本書並非「大歷史」史觀下的產物，黃仁宇並沒有比韋伯好上多少，他也（暫時）「忘記」歷史分析到底有何用處，反倒受了理念型的誘惑，而稍微失掉「大師」的格，這點確實與韋伯相似。

此外，黃仁宇也喜愛「研究」法律，他認爲「一個社會眞正的轉捩點在法律[22]」，這不就是韋伯所言，支撐著資本主義成長茁壯最重要的制度？當然，我們尚不能說黃仁宇是韋伯的代言人，但是，至少黃氏對韋伯所主張之保障私有財產的權利觀確定是舉雙手贊成的。但弔詭的是兩人似乎不知道在中國這個義務觀的社會，是藉著處罰侵犯他人來間接保護私人財產「權」，於是他們都自以爲找到某種西方所獨「有」而東方卻「無」的「東西」，黃仁宇才會信誓旦旦地宣稱：「明朝與清朝……法律上還沒有徹底支持個人私人財產權這一觀念[23]……。」看起來，黃仁宇是先確定西方「有」、但東方（中國）所「無」之物，然後，再附上其解釋，而非進行（相對）完整的歷史分析。

被遺忘的歷史分析

我們在前節中已經大略描述《萬曆十五年》書中每一章想要表達的想法，在本小節裡，我們試著「補充」（或批評）黃仁宇忽略的部分，當然，這是艱辛的「任務」，因爲黃仁宇在華文世界裡，是個極具重要性的歷史學專家，相信他說法的人，應該是成千上萬、爲數眾多。雖是如此，還是得奮力嘗試。

《萬曆十五年》的第一、二章都談到了張居正，萬曆前半時期，張居正爲首輔。黃仁宇所在意的是，張居正不與文官集團對話。事實上，這個結論不只這些，在他談論明代漕運時，他說：「在十五世紀初期設置的漕運體系及其附屬機構……在十六世紀，由於整體系的僵化……到該〔十六〕世紀末和十七世紀初期，明代官員明顯落後於時代的發展。他們管理國家的思想觀念和現實之間的斷裂，再也不能以技術補救來解決。根本原因在於時代的精神惰性，已經僵化[24]」。黃仁宇認爲在十六世紀末，明朝官員管理國家的觀念已經跟不上時代，原因是「時代的精神惰性」，這種論調相信韋伯聽了可是會非常高興的呢！因爲這與社會行動有關，與行動的意義有關。某一種精神狀態，例如新教倫理，會引導著一群人做相同或至少相似的事情，所以，這種「時代的精神惰性」讓文官集團啥事也不想做，這是黃仁宇告訴我們的。剛好，張居正於一五七二年到一五八二年擔任首輔，他與文官沒話可說，所以，「萬曆新政」、「張居正改革」是張居正與他的幾個朋友就完成的？一條鞭法是少數幾個人就能推行？這眞是匪夷所思！黃仁宇過度強調文官集團的僵化，但事實上，大多數的文官仍然必須按照其官位、職責所在完成法律所規定的事項，張居正與少數官員的確可能存在不小的衝突，但是，整個官僚體制仍需運作下去，否則，吏、戶、禮、兵、刑、工六部都將陸續垮台。若是這樣，相信黃仁宇一定會在其上大書特書，但怎麼沒有呢？

在第三、四章，黃仁宇主張，待文官制度成熟之後，官員必定掌握國家事務的實權。或許黃氏從萬曆皇帝那兒看出的經驗，才得到這個推論。不過，或許黃氏倒可以這樣看：皇帝怠工不上朝，即使時間延續一年半載，整個國家的文官系統仍然平穩運作，因爲體制內的權力與責任均由法律所規定。但定睛一看，這豈不就是韋伯心目中最理想的法理型科層體制嗎？這讓人無從確定黃氏眞正的用意，看起來他打算批評文官體制，但效果似乎欠佳。第五章，黃仁宇討論古怪的官員海瑞，其結論是：（海瑞）想以道德來取代法律，但這只是一種不切實際、浪漫的想法而已。事實上，明朝的法律遠比黃氏想像的還要複雜，意圖以道德來取代法律，談何容易呢？不過，《萬曆十五年》的讀者，大概沒有太多人會懷疑這件事。況且，連黃仁宇自己都認爲海瑞是個古怪的官員，是個異數，因此能用海瑞來代表文官體系嗎？這應該受到質疑。不過，我們還是得回到明代的法律本身。就「傳統」中國法律而言，就連韋伯這個外國人都知道中國（充其量）是實質理性的法律，但他「只是」不知道「傳統」中國是一個義務觀的社會而已，整個「傳統」中國沒有權利觀念，更不用提及財產「權」的保障了；當然，這是韋伯一廂情願的想法，一個不懂中國法律體系的人所堅持的。但矛盾的是，黃仁宇身爲一位中國歷史學家，如果我們不是那麼嚴格界定的話，也許還可以稱他爲明史專家，但他竟然將大明王朝說成「停滯的」國度？除了韋伯有這等影響力之外，實在想不出來到底還有誰能讓黃仁宇教授徹底迷失方向。不過，我們還得回頭看明朝的法制建設，特別是明初洪武皇朱元璋對此之用心。

在中國各朝代裡，《大明律》可能是花費時間、精力最多者，修訂前後長達三十餘年，幾乎與洪武朝同始終，也就是說，自立國伊始直到洪武去世的前一（一三九七年）年完成。清朝修訂明史，將此一過程總結爲：「草創於吳元年（一三六七年），更定於洪武六年（一三七三年），整齊於二十二年（一三八九年），至三十年始頒示天下。日久而慮精，一代法始定[25]。」《大明律》共計四百六十條，主體部分共計《名例律》（總則）、《吏律》、《戶律》、《禮律》、《兵律》、《刑律》、《工律》七部分。以下，我們僅簡略談其中《吏律》與《戶律》。《吏律》計三十三條，用以規範官員，犯罪行為包括官吏「未能履行行政職能或違反行政規定」，「處理文書不符合規定」等，像是「官員赴任過限」條，官員若不遵從，就按過期的期限加以懲治；「講讀律令」條，則規定官員務必熟讀《大明律》，並且依照規定時間接受考核，不合格者須接受不同程度處罰。這當然比起韋伯所能想到的還來得複雜，官員並非只要會讀經、欣賞古文，與修身養性。《戶律》計九十五條，其間之犯罪行為包含「國家賦役、稅收、倉庫、市場、民間錢債，以及家庭婚姻」，此乃確保「人戶在籍、差役均衡、市場平穩」，其中，賦役的公平性與經濟活動的規範尤為重要。另外，像是「保障稅收和國庫收入」則與黃仁宇的「數目字管理」有關。雖然黃氏對英國的「數目字管理」多所讚譽，但對明朝中國則缺乏興趣。當然，《大明律》之制定在於穩定國家經濟秩序，讓整體社會秩序得以維持。例如，《戶律》之下設立「隱蔽差役」條，這是為了「禁止豪民令子孫弟侄跟隨官員隱蔽差役，違者，家長和官員均獲罪」。《戶律》之「妻妾失序」條，規定「有妻而再娶妻的，杖九十，離異，四十以上沒有子嗣才允娶妾，違者，笞四十[26]」。相關條目以穩定家庭婚姻為目的。

此外，《大明律》尚規定，倘無明定法條可以爰依，法官斷罪得引用與罪行最相關的律條，再依具體情形酌予調整。但爲求謹慎，對於法律並未規定的罪行處罰意見，法官不能自行處斷，必須「將罪行、引用的律文，及調整後的處理意見等上報刑部，刑部商議之後，再報皇帝批准[27]」。從《大明律》的規定看來，由刑部討論之後，再請皇帝批准的條例所集結而成之《問刑條例》有效地補充《大明律》之不足。隨著社會的演進，《問刑條例》亦隨之變化，正所謂社會與法律同時演化之現象。《問刑條例》經過弘治（一四八七年～一五〇五年）、嘉靖（一五二一年～一五六六年），與萬曆三朝修訂，儘管時間相去甚遠，但這三次修訂的背景與原則大致相同，皆爲條例大量存在而使得司法紊亂之時，且都以「情法適中」爲修訂的原則，確保「罪刑相等」、「輕重相宜」。爲體現「情法適中」，諸如偷盜、納賄都考慮數量上的差別，作爲裁罰的標準，又如搶劫、強姦等犯罪，再分爲「已成」與「未成」二者，造成損害不同，亦爲條例修改的要點。另外，「首犯」及「從犯」，「初犯」、「再犯」，及「累犯」量刑上亦有所區別[28]。

綜上所述，無論是明初《大明律》編修，或是《問刑條例》在不同時期因應社會所做的調整、修訂，在在表現出明朝官員的嚴謹態度，絕非黃仁宇以一個「古怪」官員海瑞的例子所能代表。也許明朝法律的進步「不夠快」，尚未成爲當時全球效法的範式，但也絕非韋伯以「停滯」兩個字就能加以代表。況且，在歐洲還處於（或許太陽才剛剛露臉的）黑暗時期將近、啓蒙運動的開頭，當時日本、朝鮮的士大夫，高度肯定《大明律》，並且都對《大明律》進行注釋，分別彙集成日本的《明律國字解》與朝鮮的《大明律直解[29]》。如此，這位古怪官員海瑞是要如何用道德取代法律呢？黃仁宇應該要告訴我們更多。

《萬曆十五年》的第六章訴說一位孤獨者戚繼光，有能者總是沒有太多朋友，過去如同現在。他遺留最爲人所知者，非「鴛鴦陣」莫屬。雖然對抗倭寇的武士刀，戚繼光打造了有兩條放血槽的戚家刀，但事實上，火器在戚家軍的武器裝備中占據著最重要的地位，但黃仁宇應該不覺得這是重要的。一如黃仁宇所言，其軍事改革是成功的，戚繼光頗有才能，但明朝的衛所兵制從建立之初就註定失敗，因爲不消年日，軍士兵逃走甚眾，唯有這樣，西方才能領先五百年，不然明末軍事改革若沒有失敗與衰亡，西方絕不可能領先五百年。因此，黃仁宇只能強調衛所兵制之「壞的開始是失敗的一半」。所以，日後的軍事改革必然（也「必須」）不會振衰起敝，畢竟明朝爲清朝取代，說「改革成功」不免讓人起疑。於是，黃仁宇（與其支持者）決定不提明末軍事改革的成功。這麼說，明朝滅亡的因素不少，但軍事改革是成功的。縱然明朝晚年軍事改革有其侷限，但有其成功的部分，黃氏所承認的戚家軍就是個例子，當中，最值得一提的是孫承宗車營與徐光啓的登州火砲營，簡述如下。

明朝天啓二年（一六二二年），吏科給事中侯震暘上疏道：「中國長技在火器，然火器用以臨敵，必藉車用。」意思是，火器必須結合戰車，方能發揮最大效用，而孫承宗的車營正是晚明軍事改革之重要產物，車營最重要的特點之一是充分配備先進火器。孫氏一到山海關即從大同調選熟練車砲的一萬二千名士兵，成爲骨幹，「其裝備以火器爲主，其中鳥銃二五六枝、三眼槍一七二八枝、佛朗機二五六架，大砲一六門，滅虜砲八〇門；偏廂車一二八輛、準迎鋒車二五六輛，輜重車二五六輛，戰馬三三二〇匹，馱運畜力四〇八頭……經孫承宗的苦心經營，車營成爲遼東明軍最精銳的部隊」。登州火砲營是徐光啓所倡導建立的，經徐光啓安排了一批葡萄牙銃師到登州指導西砲製造與操縱點放之方法。戮力經營之下，登州火砲營「不僅擁有當時最先進的西洋火砲，而且掌握了一般明軍尚不曾完整掌握的西式大砲的使用知識（如銃尺的使用）。這支軍隊成爲全國最精銳的部隊，不僅穩住了牽制後金軍事進攻的戰略要地——東江，而且數度重創後金軍隊」。簡言之，戚繼光、孫承宗，與徐光啓的三支軍隊，代表著明末的新式部隊，徐光啓比較既有與新式軍隊兩者，他說：「器械之費，一人當十；糧餉之費，一人當三」，徐氏道出了軍事改革後的「技術密集型和資本密集型軍隊的絕佳總結[30]」。簡單說，黃仁宇所不看好的「明末軍事改革」，反倒應該給予肯定，不能因爲軍事改革未讓晚明「起死回生」就抹滅其成功之事實。不然光憑長城與弓弩投石，要如何拒清軍於關外呢？

黃仁宇書裡第七章的主角是李贄，是一個「自相衝突」的哲學家，李贄認為文人就相信全心全意地追求聖賢之道，然而他發現，士大夫的仁義道德，例如「重義輕利」、「君子恥言談利」等，原來只是說說而已，但事實上，這是「表達」與「實踐」的不同而已。士大夫的「表達」不同於日常生活的「實踐」。舉個例子，傳統上，士大夫若總是（或經常）將利益掛在嘴邊，這的確難容於儒家社會。普遍上，他們該做的是修身養性，古典社會學大師韋伯堅信「修身」這件事是士大夫最重要的事，但事實絕非如此。在士大夫是否應該追求更好的物質生活這個議題上，黃仁宇刻意安排李贄這位所謂「自相衝突的哲學家」，並且相信這是思想界的困境，然而，眞是困境嗎？筆者倒是認為儒家的士大夫對此種心態十分熟悉，應該不會造成他們太大的困擾才是。簡單說，知識分子相當清楚社會對他們的期待，也清楚整個社會不會過度苛責，如果他們眞的賺點錢的話[31]，只要嘴裡別總是談論錢的事就可以了。

我們花些篇幅重新檢視黃仁宇在《萬曆十五年》的主要論點，確實發現一些讓人質疑之處，筆者亦做些許補充，發現一五八七年這個黃仁宇所認為的「無關緊要的一年」，其英文書名只是其委婉語，其實黃氏內心想說的是，明朝是個「無關緊要的朝代」，沒有什麼重要的事情發生，陳舊的社會也沒有產生變化的力量，至少，他是作如是觀的[32]。

針對其書中的內容，一共有七個主題，實際上乃是在韋伯的「傳統主義」理念型的詮釋架構中繞圈圈，怎麼繞也繞不出其框架之外。這時候，我們心裡好像有種「似曾相識」之感，原來，我們好像又見到了古典社會學「大師」韋伯。數十年前至今，我們一直認爲韋伯是東、西方歷史比較研究大師，但原來他並不十分瞭解中國。那麼，黃仁宇呢？同樣是一位歷史學重要人物，而且，其大作《萬曆十五年》更是翻譯成多種語言，其歷史分析或許應該沒有太大問題才是？不過，因爲與韋伯相似——熱愛且擁抱著理念（類）型，他暫時忘掉歷史學者應該去做該做的事，例如進入當地，瞭解歷史文化脈絡，這種歷史分析才會有說服力，而這好像是前面章節裡，高承恕教授的建議呢！

比「大歷史（觀）」更大

現在，也許我們可以再回想一下，黃仁宇所說的「大歷史」到底指的是什麼呢？黃仁宇這麼說：「以往的史觀往往限於上層結構的觀點來評比政策、臧否人物，卻從未深入下層社會來對證歷史現象，此種史觀產生許多盲點」。黃氏主張從「長時間、遠距離、寬視野」的角度重新審視歷史，避免過度地「計較歷史人物短時片面之賢愚得失，而竭力勾畫當日社會輪廓，不致因材料參差而造成偏激印象」。事實上，他這種的「大歷史」史觀與「法國年鑑學派探究深層而持久的結構性條件的史觀[33]」可說是異曲同工。與前述的高承恕先生一樣，黃仁宇對年鑑學派感到莫名的吸力。不過，不曉得是筆者領悟力不高，抑或其他原因？總覺得用了史學「巨擘」黃仁宇的「大歷史」史觀之後，似乎覺得他寫的「大」字恐怕還不夠大，尤其是在明朝海禁於隆慶（一五六六年～一五七二年）時期正式解除。但隆慶皇不正是萬曆的父親嗎？那麼，隆慶朝解除海禁，這不是馬尼拉大帆船連接起太平洋兩岸的時候嗎？人類的商船可以定期地橫越太平洋，照理說應該是一件大事才對。筆者十分好奇，既然黃仁宇這麼關心一五八七年，明朝中國的產品在四百多年前就賣到了美洲並風行於斯，凡此種種，萬曆皇也好，張居正（和他所任用的私人）也好，或者申時行也好，又或者古怪的海瑞也好，擁有「新軍」的戚繼光也罷，或是活在矛盾之中的李贄也行，竟然沒有一人提到江南的絲綢、瓷器廣為外人所喜愛，而源源不絕地輸往海外？難道這些人在其「主人公」的筆下，都「必須」活在明朝這個「內向[34]」、「封閉」的國度嗎？

萬曆五年（一五七六年），這年萬曆皇十三歲，進入青春期，剛好馬尼拉大帆船打從這一年開始營運，此後，因為明朝中國生產的商品廣受太平洋彼岸的消費者所喜歡，於是，大帆船——也是本書第一章所描繪的「理性」的（大帆）船——持續不停地運送長江三角洲（江南）這個地區所產的高檔貨品，也就是絲綢（與瓷器），在橫越太平洋之後，到達西屬美洲，這就是著名但被黃仁宇「大歷史」史觀不小心遺忘掉的絲綢—白銀（silksilver）之路。這條海上絲路，延續了二百五十年，到一八二〇年代才停止，大帆船在太平洋上走了兩個世紀，「大師」黃仁宇竟然當作什麼也沒發生！一條鞭法不是張居正在萬曆九年（一五八一年）推行的嗎？沒有美洲白銀，明朝哪有足夠的白銀流通呢？稅制改革從福建開始，不就是因爲那裡是美洲白銀輸入的首站嗎？在此僅舉一例，稍後還有更多證據，我們只消萬曆年間從西屬美洲輸入菲律賓的白銀（絕大部分運回明廷）即可。根據西班牙官方文件，全漢昇計算出自一五九八年（萬曆二十六年）開始，到一七八四年（乾隆五十年）運至菲律賓的美洲白銀，其中萬曆年間的資料包括：一五九八年，二五點五六噸，價值一百萬披索；一五九九年至一六〇二年，每年五一點一二噸，價值二百萬披索；一六〇四年，六三點九噸，價值二百五十萬披索；約在一六二〇年，七六點六八噸，價值三百萬披索[35]。萬曆年間，美洲白銀持續流入中國，讓明朝經歷第二次經濟繁榮時期——約莫十六世紀末、十七世紀初，因爲國內銀產早已枯竭，倘若沒有美洲白銀的話，貨幣供給將會不足，交易就無法完成。

在儒家「尊師重道」的倫理觀之下，筆者認爲，對於「大師」黃仁宇的著作，勇於批評者——就像筆者謝某——日後（應該）會被冠上「囂張」、「不敬」的字眼，所以，在此奉勸青年學者務必留意「尊師」這件事，切莫輕易學習，以免日後遭到「報應」，在某場會議時被某位資深學者奉勸「申請升等時要小心[36]」類似的話。在島上的小小學術圈裡，以下的做法是相對「妥當」的：例如，某位學者評論黃氏之「大歷史」總結道：「而黃仁宇的『大歷史』乃在於大能容物，既帶有『國際性』的眼光，又能『大而化之』。這種具有吸收、調和、感化的道德標準，乃是當今史家不可或缺的能力[37]。」稱讚「大師」才能明哲保身，批評者一旦墜入陷坑、被網羅纏住，便將難以脫身。

我們還得再談一談黃仁宇先生的「數目字管理」。

「數目字管理」與「可預測性」

黃仁宇先生的另一傑作，是英文版*China: A Macro History*於一九八八年成書，次年由Sharpe付梓。繁體中文版爲《中國大歷史》。中文版至二〇一四年七月，已是六四刷，不愧爲暢銷之作。不過，雖然稱爲「大歷史」史觀，可以讓讀者看得更遠，也更清楚，然而，黃氏受到韋伯傳統主義的影響，在該書自序中，他說：「我認爲近代中國所面臨的最大一個問題乃是**傳統社會**不容產生現代型的經濟體制，在綜敘背景時我稱唐宋帝國帶擴展性，明清帝國帶（內向的）**收斂性**……中國過去一百五十年內……終於在一九八〇年代初期從一個**閉關自守中世紀**的國家蛻變而爲一個**現代國家**[38]（粗體均爲筆者所加）……。」

從黃仁宇先生的自序中，我們看到他十分熟練地運用二分法，無論所談的是什麼，明清中國一定得和「內向」、「傳統」、「封閉（或閉關自守）」相連結，而這僅是爲求對照於西方的「外向」、「現代」、「開放（或外向擴展）」而已。爲何兩列火車轉向不同的方向？韋伯（及高承恕等）認爲，這是新教倫理發揮了「轉轍器」的功能，使得兩輛火車背道而馳；換句話說，西方、而且只有西方轉向「理性（化）」的過程，而法律是資本主義的重大支柱，因爲它提供了可預測性。黃氏經常掛在嘴邊的「數字化管理」，其實正是韋伯的「可預測性」，中國只因爲其法律體系長得不像西方那個模樣而已，故此，對他來說，這便無法提供「可預測性」，自然「數目字管理」也就無從開始。

「中國大歷史」專家黃仁宇的肺腑之言，意外地完全闡明他《萬曆十五年》（也就是直譯自英文版書名《無關緊要的一五八七年》）的研究目的。雖然，我們必須承認黃仁宇在這本名著的寫法令人耳目一新，且該書被認爲是寓意深遠。不過，說穿了，黃仁宇想要證明，明朝是個停滯的帝國，任何事物——包括（最重要的）法律制度——都處於靜止狀態，是一個絕無可能有什麼新想法、做法的朝代。這令筆者頗感詫異。不過，還得收拾起「意外」的心態，回過神來，因爲我們還要討論以下子題，包括：「大歷史（觀）」與「數目字管理」、西方的「有」與東方的「無」以及「資本主義」與「數目字管理」等。

「大歷史（觀）」與「數目字管理」

那麼「數目字管理」所爲何事？是爲了「現代性」？還是爲「資本主義」？還是爲求簡要說明西方爲何領先五百年？看來，黃仁宇斬釘截鐵地回答：全部都「是」！回想一下，到目前爲止，有誰堅持西方領先整整五百年了？高承恕、韋伯、華勒斯坦、弗格森、教育部官員、黃仁宇等。「數目字管理」是黃仁宇提出來的概念，爲的是支持西方的「現代性」與「資本主義」，因爲這正是西方領先五百年的主因[39]。

先前本文提到黃仁宇的「大歷史（觀）」是指用「長時間」、「遠距離」、「寬視野」的角度來進行歷史分析[40]。學者邱澎生對於黃仁宇「大歷史（觀）」另有看法，值得一提。邱澎生開宗明義地說：「『大歷史觀』（macro-history）、『數目字管理』（mathematically manageable）是黃仁宇先生成學以來所極力宣揚的史學概念，前者是這種史學概念的統稱，後者則是這種史學概念的實際操演。」是故，邱澎生認爲，「大歷史（觀）」與「數目字管理」相輔相成，是一種共生的關係，看來似乎是如此。不過，筆者並不這樣認爲，因爲直覺——在方法上，筆者並不建議學生仿效——判斷，「數目字管理」這概念，與韋伯有關，應該說與韋伯的資本主義難脫關係。那麼，什麼是「大歷史的觀點」呢？黃仁宇直接道出：「即是從技術上的角度看歷史[41]」（technical interpretation of history），所謂的「技術上的角度」，則正是他強調的「數目字管理」概念。邱澎生引用黃仁宇的另一篇文章，他說：「**資本主義**社會，是一種**現代化**的社會，它能夠將整個的社會以**數目字管理**……法律既以**私人財產權**之不可侵犯作宗旨，也能同樣以數目字加減乘除的方式，將**權利與義務**（粗體均爲筆者所加），分割歸併，來支持這樣的分工合作……以農業組織作國家基幹，注重凡事維持舊有的均衡；以商業組織作國家基幹，則注重加速交換（exchange）。時代愈進化，後者愈能掌握科技，而前者的弱點更爲暴露，其國民對其政府之無能益抱不滿[42]。」筆者針對黃仁宇以上看法，仍有微詞。

黃氏所謂的「數目字管理」並非史學的操演，簡單說，史學的操演應考量到研究者、事件詮釋者的價值關聯，而數目字管理僅僅是操作的方法之一，並非如邱澎生所言，它就是史學的實際操演。並且，假若只按字面意思來理解的話，實在讓人難以想像「數目字管理」與歷史學，或者黃仁宇先生的「大歷史觀」到底有何關係。

另外，黃仁宇其實將「數目字管理」**等同於**資本主義社會，西方是這樣的社會，自然必須仰賴「數目字管理」；但黃氏的明朝，即便使用不少「數目字」，也眞「管理」不少國家事務，但因爲明朝（不知何故地）離資本主義實在太遠，所以，對他而言，討論「數目字管理」就顯得累贅多餘。

西方的「有」與東方的「無」

首先，筆者懷疑，每當黃仁宇先生爲了中國的前途而感到憂愁，他特別容易落入西方哲學二分法（例如，在場／缺席；有／無）的陷坑當中，一旦跌進去，即使想努力爬出來，但找不到坑壁有任何凸出物可以抓，或凹陷處可以踩，這時他不可能去思考歷史分析還得注意哪些事項。後來，黃仁宇或許找到一位來自歐洲的知己，和他「對話」幾次，但這件事，黃氏並沒有明說。於是乎，黃仁宇「發現」由於西方掌握某些「獨特[43]」的性質或事物，它「有」資本主義、「有」現代性、「有」商業組織（成爲「國家基幹」）、「有」權保障私產，還「有」科學技術的加持；換成東方，既「無」資本主義、「無」現代性、「無」商業組織、「無」權保護私產，也「無」科學技術加持。無疑地，這是黃仁宇先生的解釋框架，對於東方（中國），我們可用「傳統主義」加以概括，這個理念型，貫穿黃氏學說的主軸。那麼，西方之所以領先「五百年」，就因爲西方「有」什麼東方所「無」的事物。西方「有」，我們不羨慕；但東方的「無」，我們得試著（只用常識）來解釋解釋解釋，順便（很學術地）反駁黃仁宇這位歷史學大師！

我們把「無」資本主義、「無」現代性、「無」商業組織，三者放在一地談；然後再聊聊後二者，也就是「無」權保護私產，也「無」科學技術加持。不難理解，「現代

（性）」與「資本主義」二者經常被連結使用，這兩個概念不僅滿足西方的優越性、白種人優越感而已，順帶它們還指責非西方（東方）社會的「不長進」，以致於淪落到今日不堪的模樣。另外，（現代）資本主義經常也與五百餘年前的地理大發現有關，不少人將此視爲歐洲領先的開端。另外，西方「有」商業組織[44]，這些組織後來「自然而然地」成爲「國家基幹」，當然，這是東方（中國）所欠缺的。自然，學者把這些西方「有」的、東方所「無」者放在一起，逐漸形成西方知識體系的主要支架。後來，他們再預備一點材料，起工建造房屋，還尚未竣工之前，東方知識分子已經有不少人趕緊買了預售屋，三不五時向還在租房子的夫妻同事炫耀呢！所以，因爲「有」許多優勢，西方引領全球五百年。這是西方知識體系亟欲要我們知道、學習，並且傳給下一代。大約在十九世紀的中葉以後，我們爲西方知識體系這棟建築物耗費不少心力整修，讓它的主體結構更「安全」些，並且爲它看起來老舊的外表「拉皮」過不少次。

那麼，以下筆者反問黃仁宇（與其支持者）幾個問題：如果西方眞領先五百年的話，爲何日本與朝鮮要學習《大明律》？都已經停滯了的明朝，爲何其官員還能擠出像樣的法律制度呢？爲何十六世紀起，西屬美洲開始大量購買長江三角洲所產製的絲綢與瓷器？爲何十八世紀時，歐洲括起了「中國風」呢？如果歐洲眞領先的話，怎可能吹起一陣「東風」（來自相對「落後」的國度），讓西方人著迷？再者，爲何十六世紀末起，中國在「國際」貿易上總是順差，白銀總是源源不斷輸入中國？再來，爲何到了十九世紀中葉——工業革命都已經過了六、七十年——英國還是只能賣出農產品罌粟花給中國？英格蘭對自己的工廠制度不是引以爲傲嗎？鴉片是工業產品嗎？西方到底去哪裡領先五百年呢？就連一百五十年都很難啊！這是常識，哪還需要與黃仁宇先生談什麼學術上有價值的東西嗎？倘若十八世紀中葉、甚至是十九世紀中葉，清朝中國並無落後的跡象，那麼，「無」資本主義、「無」現代性、「無」商業組織的特質又有什麼重要性？根本沒有。黃仁宇先生——與韋伯及其粉絲——充其量只是爲了「西方領先（五百年）」這個預設的結果找到一些符合其說法的「證據」，來爲已經射出的箭拿著彩筆畫靶。

接著，我們再利用一點篇幅，來檢視中國「無」權保護私產，以及「無」科學技術加持這件事。在拙著〈還原眞相：西方知識體系建構下曲解的中國傳統法律[45]〉一文中，筆者謝某已經詳細介紹「傳統」中國是**義務觀社會**，與韋伯熟知的西方**權利觀社會**之法律體系明顯不同。然而，韋伯就連這項東、西方知識體系最基本的差異都不知道。當他拉高音量批評中國法之時，竟然有不少知識分子在旁邊鼓掌叫好。西方人不瞭解東方（中國）法律體系，或許情有可原，但居然莫名其妙當上「東、西方歷史比較研究大師」就顯得有點誇張。然而，更誇張的（可能）是黃仁宇先生一直強調在「權利觀」下私產才能得到保障，好像在「傳統」中國有錢人都是自己請保鑣，當「國家機器」是「塑膠」。所以，恐怕黃仁宇先生也不知道義務觀社會要如何保障私產？筆者深信如此，否則他不可能再重複韋伯早說過的話。

至於科技的加持，對於西歐「主宰」世界五百年這件事而言，在軍火工業的進步方面，產生的實質利益最為驚人。然而，做壞事的人通常不喜歡別人去談論他們過去完成的無良商業活動。其實，在十五世紀末之後，歐洲向外擴張，世界史就充滿了血腥暴力與受害者終生未曾稍歇的眼淚，歐洲人的「自由貿易」總是在槍炮黑船的支持下才得以完成。例如，鴉片戰爭[46]之後簽訂的南京條約，不正是英格蘭打著「自由貿易」的大纛，與此同時船艦上的大砲對準著廣州城的城門時所簽訂嗎？筆者覺得，「科技」二字非但不是中性的語詞，而且，它在人們的心中總是連結到美麗的事物，但這正是問題的癥結，特別是在傳遞社會（科）學的知識給下一代的時候。

「資本主義」與「數目字管理」

接著我們還得再談談黃仁宇如何連結「資本主義」與「數目字管理[47]」這兩個概念，不過，假設邱澎生在分析黃仁宇的論點之後，接著邱澎生認為黃仁宇是這樣主張（筆者謝某也相信），邱澎生說：「由明到清，這種肇因於特殊『經濟組織、法律體系、文化觀念』而形成的『不能在數目上管理的國家』，即使經過了十六世紀因應白銀流通的『一條鞭法』改革、鹽商也因『商專賣』的綱法改革而對明清財政更形重要，雍正年間大力推行的『火耗歸公』，山西票號也在十九世紀日漸活躍，然而，黃仁宇仍然強調：這些現象與改革都未發生『決定性的力量、劇烈的改進』，洪武型財政造成『組織與制度的體系』仍未轉型，明清財政仍未具有『現代性的合理化[48]』。」

上述說詞顯示，黃仁宇堅持自己信念，清楚地很，他知道明朝的確發生過不少重要的事——包括修築大運河來維持強大的漕運能力、產業競爭力、法律制定能力、文官拔擢方式，與（法理型）科層體制等等——在在與總體國力有密切的關係。然而，無論明朝再怎麼好，還是得「落後」西方五百年，這似乎是黃仁宇在進行歷史分析之前，就已經先為射出的箭畫靶。所以，無論他再怎樣努力端詳，也看不見「決定性的力量」與「劇烈的改進」。儘管洪武皇再怎麼努力修訂《大明律》讓法律與社會可以同時演進，也無法讓「組織與制度的體系」轉型成功，明清財政絕不可能出現「現代性的合理化」，因為這些都只能在西歐發現而已。黃仁宇似乎是如此想，也要我們全盤接受他的說法。但也許我們該認真看明朝初期的「數目字管理」究竟如何。

我們沒有必要將所謂的「數目字管理」神祕化，搞得好像它是什麼高深的學問，非得要大師級的學者來界定它究竟是什麼，才會達成某種效果。「數目字管理」難道不就是為了（國家）治理嗎？所以，人口也好、土地也罷，的確是要得到較爲準確的數目字，管理才會有效率，否則政策制定者八成無法看到自己預期的結果。當然，一個朝代能夠延續愈久的話，至少表示了統治集團比較用心，制度相對健全些，政策執行得相對徹底，這麼說，至少該朝代的「數目字管理」還算是可圈可點的，但我們暫時先忽略這概念到底與「大歷史（觀）」有無關係[49]。

如果「數目字管理」是爲了國家治理的話，那麼，明初洪武皇帝的人口普查與土地登記可說是相當成功，這也應該可以歸功於「數目字管理」，而不必等英國到十七世紀末葉時，才能讓人察覺到「數目字管理」的好處爲何？在全球怎麼會只有一個地方開始「數目字管理」呢？難道十七世紀末以前，英國的鄰近國家，竟然沒有一個社會發展水平與英格蘭相當的國家嗎？英國在當時是獨領風騷的嗎？荷蘭好像也不差，這國家海拔那麼低，不用「數目字管理」能生活在海平面之上嗎？這實在啓人疑竇。而且，這兩個國家，不就是用黃仁宇極欣賞的「數目字管理」，相繼大力拓展奴隸貿易，保持國家的競爭力，當時其他國家連想分一杯羹都很難呢！如果黃仁宇先生的「數目字管理」眞的那麼重要的話，那麼少了這種「獨特」的管理方式，想必這兩個國家累積資本的速度應該會放慢一點。

不過，我們暫且擱置上述幾個「數目字管理」的相關問題。那麼，所謂的「洪武型財政造成『組織與制度的體系』仍未轉型」，指的應該不是優點，至少聽起來是如此。可是，回憶起國中時期，依稀記得黃冊與魚鱗圖冊，前者爲人口統計，後者則是土地登記的冊子，這兩本冊子似乎就是「數目字管理」的例證，不知道爲什麼它們卻不是，難道朝廷只是爲了要得到數目字，就再也沒有其他的想法了？如果是這樣，恐怕明朝的官員日子過得也太輕鬆了些。但總之，也許明朝創立者朱元璋的財政制度尚未轉型成黃仁宇心目中理想的樣子，不過，在他掌權之後，一系列影響深遠的改革確實次第地推行。

在人口統計上，自從均田制於八世紀瓦解後，洪武皇帝「首次使朝廷掌握個人及其擁有土地的詳細情況」。一如唐朝，明朝用登記戶籍的方式來蒐集資料，洪武十四年（一三八一年），朱元璋下詔，使官員登錄全國居民的資訊登記，包括「姓名、年齡、戶主出生地，其職業屬籍，其擁有的土地與家畜，及住所大小。這些內容一式四份，使各屬地、府、地方各有一份，朝廷所持一份以黃色封面，故有『黃冊』之稱」。不過，朱元璋認爲所有納稅義務人永遠都不會改行，不過，他應該瞭解這種做法有風險，因爲他的家庭在蒙古統治時期被歸爲採金人，但實際上家鄉根本沒有金礦。另外，洪武皇帝也「照搬了蒙古的勞役制度，並要求所有人都隨其姓名登記在官府檔案中……〔因此〕我們得以瞭解明朝科舉考試的中舉者不僅如政府指望的那樣來自官宦之家，也有出自農戶、軍戶以及鹽戶。顯而易見，匠籍劃分並未阻礙人們改變職業。事實上，許多家庭花錢請別的人家替自己完成勞役[50]」。可以這麼說，透過黃冊，明朝開國皇帝對人民進行全面監管，每一家戶持有一份戶籍，負責正確地填寫資料。黃冊與納稅有關，這倒不難理解，但比較難理解的是，黃冊到底與「數目字管理」有沒有關係[51]？當時，每千戶組成一單位，「其中十個最富裕的家庭爲首領，每位首領保證次於其家的十個家庭完力役並納稅[52]」。看起來，這些「數目字」雖然不多，但是，背後應有目的，而且與「管理」並非無關，準確說，這是國家治理之一部。

在土地登記上，洪武二十年（一三八七年）年稅收的流失，促成了另一項改革，就是全國性的土地登記。這種土地冊的草圖狀似交疊在一起的魚鱗，故稱爲「魚鱗圖冊」。政府「希望能將所有土地登記在案，並按照其產量分爲九等，以此決定稅額。但他們很快採取了更爲簡便的土地稅方法……」。洪武二十三年（一三九〇年）各地上繳的稅銀成了以後納稅的基數。到洪武二十六年（一三九三年），官府「已蒐集到足夠的數據以擬定各省或地區的稅額，這些數據來源包括土地普查和前朝檔案」。事實上，「明朝成功地徵收到相當於蒙古統治時期二倍的土地稅。在一三八〇年代和九〇年代，其稅收超出中央政府所需[53]」。由此看來，（至少）明初的人口、土地登記都相當確實可信，雖然，朱明璋後來計畫更新黃冊與魚鱗圖冊，但因爲缺乏人手而作罷。不過，如前所述，「數目字管理」不就是爲了治理的需要嗎？果若如此，那麼，這個十七世紀英國在光榮革命後才出現的「制度」，在明初不是就早有了嗎？但這衍生出另一個問題，黃仁宇先生的「數目字管理」似乎與「資本主義」有關，那麼，難道說資本主義也曾發生在明初？並且還早於華勒斯坦的「世界經濟體系」在一四五〇年誕生之日。然而，「數目字管理」的故事還未結束，記不記得，邱澎生認爲「大歷史（觀）」與「數目字管理」是同一件事，這一點，筆者業已提過，但可確定的是，邱氏（與黃氏）的說法讓人摸不著頭緒。

可惜得很，明初看起來還不錯的制度，偏偏無法成爲「決定性的力量」進而造成社會「劇烈的改進」，所謂的「組織與制度的體系」當然也就無法轉型成功了，我們也就能理解爲何明清財政仍然不具備「現代性的合理化」。爲什麼呢？因爲黃仁宇先生堅信著，只有西方才可能產生「資本主義」，只有西方人才懂得「數目字管理」，其他地方的人，都是後來才學到的，如果眞有的話。

本章結語

黃仁宇先生在《萬曆十五年》書中，非常認眞地探討七件發生在明朝很小的事件，當然，以他在史學界的地位，用想的都知道這七件看起來不重要的瑣碎事件，必定隱含大道理，因爲「大師」的稱呼必定其來有自！後來，有人這麼說，其實，黃仁宇這位史學巨擘，如同他未曾有一面之緣的「恩師」韋伯，都是歷史學家，擅長歷史分析（或實質研究），對中國想必有一定程度的理解才是。可惜，這僅只是我們的想像而已，因爲他們倆的思維活動都侷限於某種「詮譯框架」（理念型），使得他們應該引以爲傲的歷史分析錯誤百出，這可說相當可惜。

《萬曆十五年》的作者運用他高超的寫作技巧，將七個看似毫無關聯的事件串連起來，因爲這些事件本身看起來真是「無關緊要」（of no significance）。作者高明之處在於，至少對世界史，或東、西方比較歷史而言，他成功地將明朝中國「描寫成」一個無關緊要的朝代。因爲相對於西方的「外向」、「進步」、「開放」，同時也「主宰世界」；東方（中國）則是「內向」、「停滯」、「封閉」，同時也「無關緊要」——因爲在世界歷史之中，明朝僅僅是西方的對應物而已。換句話說，西方的「有」必須從明朝（中國）的「無」來認識，而這個「無」正是「無關緊要」的「無」。

這是明史專家，也是中國大歷史（家）黃仁宇所留給我們的。他展現給我們的，是一個「無關緊要的明朝」！

◆註 解◆

[1] 黃仁宇，《萬曆十五年》，二版（新北：台灣食貨，一九九四）。

[2] Ray Huang, *1587, A Year of No Significance* (New Haven and London, 1981).

[3] 在此筆者謝某得先承認自己可能有擴大解釋之嫌，無論如何，黃仁宇將其重心（僅）置於萬曆十五年而已，在本章中，謝某將某一皇帝在位期間的某一年裡，「放大」到整個明朝。不過，這是筆者在黃仁宇的《萬曆十五年》之字裡行間所見者，在適當的時候會提出證明。

[4] 在稍後的研究中，吾人將會說明哥倫布是拿著中國人繪製地圖去「探險」，最後，他「發現」了幾十年前就已經被發現的「新」大陸。請參照謝宏仁，《顛覆你的歷史觀：連歷史老師也不知道的史實》，增補二版、白話文版（台北：五南圖書，即將出版）。

[5] 「歐洲中心主義」、「西方領先五百年」，與「西方的優越性」三者的意義或有不同，而有些許差異。不過，這三者也同時支撐著彼此，盡力鞏固著西方知識體系。所以，本文不擬分析其間的差異，而採相對「自由」的方式交互地使用這幾個概念、「事實」，或心態。

[6] 高承恕，《理性化與資本主義》，第八三、八四頁。

[7] 王國斌，〈農業帝國的政治體制及其在當代的遺跡〉。關於這點，本文稍後將深入討論黃仁宇先生的說法中，三不五時就會出現，我們將會看到不少處王國斌先生的論點被黃仁宇所證實。

[8] Immanuel Wallerstein, *The Capitalist World-Economy: Essays by Immanuel Wallerstein* (New York: Cambridge University Press, 1979).

[9] 所以，黃仁宇先生心裡的想法是，如果中國能向海外擴張，占領廣大殖民地，甚至「包納」西方國家這樣的話，那不是很好嗎？這總比被西方國家欺負得好？這種心態說奇怪也對，說不奇怪也對。也許這就是殖民性格（coloniality）的一部吧！

[10] 本章中，限於篇幅，我們只討論中國知識分子。

[11] 邱澎生，〈「數目字管理」是洞見或是限制？黃仁宇「大歷史觀」下的明清市場與政府〉，《台大歷史學

報》，第二六期（二〇〇〇，十二月），第三五一～三七六頁（頁三五四）。

[12] 黃仁宇另一部大作《資本主義與廿一世紀：追尋近代西方的發展動力，探索近代中國的問題根源》（台北：聯經出版社，一九九一）。值得一提的是，這本書至二〇一七年十二月止，已初版十六刷了。因為都是初版，所以，內容沒有更動，但既然已經十六刷，代表持續有讀者對「大師」黃仁宇的說法抱持認同的心態。也就是說，自一九九一年至二〇一七年這二十六年之間，這本書的主要論點並未受到太大挑戰，而這也是本文作者擔心之處。

[13] Timothy Brook（卜正民），第四章〈資本主義與中國的近（現）代歷史書寫〉，《中國與歷史資本主義：漢學知識的系譜學》（台北：巨流圖書，一九九三），第一四七～二一七頁（頁一四八、一五〇、一五二）。

[14] 事實上，筆者總共找到六大罪狀，限於篇幅，在此只討論其中三者。關於其他課綱的重大缺失，請詳見謝宏仁，《顛覆你的歷史觀：連歷史老師也不知道的史實》，增補二版、白話文版（台北：五南圖書，即將出版）。

[15] 詳細論述，請參考謝宏仁，第四章〈鴉片的政治經濟學〉，《顛覆你的歷史觀：連歷史老師也不知道的史實》（台北：五南圖書，二〇一七），第一七三～二二六頁。

[16] 黃仁宇，《萬曆十五年》。該書並無副標題，此小節的副標題為筆者謝某所加。

[17] 黃庭碩，〈書評：黃仁宇《萬曆十五年》〉，《史繹》，第三五期（二〇〇七），第一六一～一六九頁。

[18] 黃仁宇，《萬曆十五年》，第II～III頁。

[19] 朱瑞月，〈長時間、遠距離、寬視野的歷史座標——評介黃仁宇的三本歷史著作〉，《人文及社會科學教學通訊》，第一卷第五期（一九九一，二月），第二一二～二一七頁。

[20] 與多數學者一樣，黃仁宇並不清楚鴉片戰爭發生的真正原因，也因為這樣，清廷——戰敗者——總是被究責的「國家」，結果，英國獲得利益，強賣毒品、索賠，再告訴全世界，清朝因為不知道「自由貿易」的「好處」，所以才落得這步田地，這頭睡獅打輸了，這只是剛好而已，因為故步自封，將國門鎖起來，鴉片戰爭之後，封閉的中國終於知道必須打開貿易之門，這不正是費正清（John K. Fairbank）的「西方衝擊論」嗎？黃仁宇先生也是這麼想，也打算這樣告訴大家的。關於鴉片戰爭的原因，請參照謝宏仁，〈鴉片的政治經濟學〉。關於黃仁宇對鴉片戰爭的原因之錯誤理解，請參照黃仁宇，《中國大歷史》（台北：聯經出版社，

一九九三）。

[21] 黃仁宇，《萬曆十五年》，第Ⅱ~Ⅲ頁。

[22] 黃仁宇，《我相信中國的前途》（北京：中華書局，二〇一五），第一六頁。

[23] 前揭書，第二三頁。

[24] 黃仁宇著，張皓、張升譯，《明代的漕運，一三六八~一六四四》（台北：聯經出版社，二〇一三），第二二二頁。

[25] 〔清〕張廷玉：《明史》，卷九三，《刑法一》（北京：中華書局，一九七四），第二二八四頁；引自吳艷紅、姜永琳，《明朝法律》（南京：南京出版社，二〇一六），第二一頁。

[26] 前揭書，第二三~二五頁。

[27] 《大明律．名例律》，「斷罪無正」，高舉，《大明律集解附例》，卷一，第三七〇~三七一頁，引自吳艷紅、姜永琳，《明朝法律》，第三五頁。

[28] 吳艷紅、姜永琳，《明朝法律》，第三九~四一頁。

[29] 何勤華，《中國法學史》，第二卷（法律出版社，二〇〇〇），第四〇七~四一五頁；文亨鎮，《〈大明律〉傳入朝鮮考》，《中央民族大學學報》，第五期（二〇〇〇），第三五~三八頁；高艷林，《〈大明律〉對朝鮮王朝法律制度的影響》，《求是學刊》，第三六期（二〇〇九），第一三三~一三八頁，引自吳艷紅、姜永琳，《明朝法律》，第三四頁。

[30] 李伯重，《火槍與帳薄：早期經濟全球化時代的中國與東西世界》（新北：聯經出版社，二〇一九），第三三一~三三六頁。

[31] 謝宏仁，〈還原真相：西方知識體系建構下曲解的中國傳統法律〉，《社會學囧很大1.0：看大師如何誤導人類思維》（台北：五南圖書，二〇一五），第五九~一〇一頁（頁七四~七九）。

[32] 隱藏在《萬曆十五年》一書背後的，如陳正國在〈黃仁宇的現代化論述與西方歷史〉一文中所言，其實是現代化理論。黃仁宇並沒有明說，但是參考筆者的分析，當黃氏在檢視明朝的問題時，基本上是圍繞在「現代（化）」的對立面，也就是「傳統（主義）」，是故，黃仁宇的歷史分析，可說圍繞在「傳統主義」的詮釋框架下，這就讓許多歷史事實得不到更清晰的畫面。因此，陳正國試著為黃仁宇緩頰，他說：「即使讀者未

及發現此一史觀〈指現代化理論〉，他仍舊可以享受黃仁宇因著現代化史觀而對明代人物與歷史所發出的同情之嘆與精采的史事描述。」對此，筆者實難認同，因為現實中應該不易找到比現代化理論更「歐洲（美國）中心主義」的觀點了。請參照，陳正國，〈黃仁宇的現代化論述〉，《新史學》，第十二卷第四期（二〇〇一，十二月），第一五五～一九二頁（頁一五五）。

【33】朱瑞月，〈長時間、遠距離、寬視野的歷史座標〉。

【34】黃仁宇，《中國大歷史》（台北：聯經出版社，一九九三）。這本大作章節極多，一共有二十一章，其中，第十四章，標題為〈明朝：一個內向和非競爭性的國家〉；第十五章，標題為〈晚明：一個停滯但注重內省的時代〉。這兩個標題告訴我們，黃仁宇的確認為在中國（大）歷史上，明朝是無關緊要的。

【35】全漢昇，《中國經濟史論叢》，卷二（香港：香港中文大學出版社，一九七二），第四三九頁。

【36】這是一件「不可告人」（之失格）事實。筆者曾在一個關於馬克思誕生二百年的紀念研討會中，接收到來自（台灣、美加、印度，或非洲）東岸一位評論者這句「申請升等時要小心」，此評論者對筆者所發表文章論點全無興趣，倒是對文章以外的事「指教」不少。此誠為台灣（狹小）學術界相對「獨特」之處，也是讓人憂心的地方。

【37】林靜芳，〈再現萬曆十五年——評介黃仁宇著《萬曆十五年》〉，《迴瀾春秋》，第六期（二〇〇九，七月），第一〇三～一一二頁（頁一一二）。

【38】黃仁宇，《中國大歷史》，第vi、viii頁。

【39】雖然Ferguson提出的是六大APP，並認為它們是西方領先五百年的功臣。不過，筆者認為，弗氏的六大APP之所以能夠發展起來，還是因為資本主義。筆者雖然與黃仁宇看到同一個「資本主義」，然而卻是陰暗許多，黃氏則是在「西方的優越性」這個燦爛的霓虹燈下進行觀察。

【40】朱瑞月，〈長時間、遠距離、寬視野的歷史座標〉。

【41】黃仁宇，〈《萬曆十五年》和我的大歷史觀〉，收入氏著，《萬曆十五年》（北京：三聯書店，一九九七），第二六八頁，引自邱澎生，〈「數目字管理」是洞見或是限制？〉，第三五二頁。

【42】黃仁宇，〈我對「資本主義」的認識〉，《食貨》，復刊十六卷第一、二期（一九八六），第四六～四七頁，引自邱澎生，〈「數目字管理」是洞見或是限制？〉，第三五二頁。

[43] 不像韋伯，黃仁宇先生對於「獨特（的）」這個名詞（或形容詞）並非情有獨鍾，可以說，韋伯恨不得所有人都知道西方的「獨特性」（如果真的有）。不過，黃仁宇的思維，與現代化理論之關係匪淺，但筆者認為，韋伯才應該被視為現代化理論的開山祖師呢！

[44] 請容許筆者再行猜測，黃仁宇先生之所以會提到「商業組織」，可能與韋伯的興趣有點關係。有一本書，題為Max Weber，陶永新譯，《中世紀商業合伙史》（上海：東方出版中心，二〇一〇）。此書正是由韋伯的博士論文〈家族共同體和勞動共同體〉擴充增寫而成。

[45] 謝宏仁，〈還原真相：西方知識體系建構下曲解的中國傳統法律〉。

[46] 謝宏仁，〈鴉片的政治經濟學〉。

[47] 大概猜得出來，黃仁宇先生是想用歐洲的經驗——理性化過程（包括「數目字管理」）——來觀察中國，結果呢？就如學者王國斌所言，若是以歐洲經驗為標準，那麼，其他地區（包括中國）就很難找到有意義的變遷了。可惜，歷史學「大師」黃仁宇正是這樣的學者。請參照王國斌，〈農業帝國的政治體制及其在當代的遺跡〉。

[48] 黃仁宇，〈中國近五百年歷史為一元論〉，收入氏著，《放寬歷史的視界》（台北：允晨文化公司，一九八八），第二〇〇～二〇一頁，引自邱澎生，〈「數目字管理」是洞見或是限制？〉，第三五九頁。

[49] 說實在的，當邱澎生在討論黃仁宇的「大歷史（觀）」與「數目字管理」這兩個概念時，他認為前者是「史學概念之統稱」，而後者則是其「實際操演」。筆者不同意黃仁宇的說法，不過，對於邱澎生似乎完全接受黃氏的說詞，吾人感到十分不解。筆者認為「大歷史（觀）」似乎是可行的，是可以操作的，但為何在「實際操演」時，必須要依循「數目字管理」這個概念或方法呢？這一來豈不是把歷史學家、研究者主觀的詮釋拋棄不管了？但這如何可能？對於「數目字管理」是「大歷史（觀）」的「實際操演」，筆者深表懷疑。

[50] Valerie Hansen（韓森），梁侃、鄒勁風譯，《開放的帝國：一六〇〇年前的中國歷史》（北京：社會科學文獻出版社，二〇一六），第三一九～三二〇頁。

[51] 可想而知，黃仁宇先生必定說兩者之間完全沒有關係，因為，這不是他想看到的。筆者則可能認為有關係。這乃是因為黃仁宇受到西方知識體系的影響太深，謝某則「輕微一些」。

在此，還得略談「歷史分析」、「實質研究（歷史研究）」。關於人口，明初的數字是準確的。因為我們不能拿後來數據的失準來抹滅洪武皇帝當時在人口登記上所做的努力。根據何炳棣的研究，主要的困難處在於缺乏洪武二十六年（一三九三年）到乾隆五十二年（一七八七年）間四個世紀間較為有用的資料，何炳棣，《明清社會史論》（台北：聯經出版社，二〇一三），第二七八頁。雖然我們不能否認明代的人口登記到後來並不如初期那樣準確，但，這不能用以證明官員不知道「數目字管理」的重要性。

【52】Valerie Hansen（韓森），《開放的帝國》，第三三〇頁。

【53】前揭書，第三三〇頁。

第四章　演技派韋伯的造型設計師

新進演藝人員都需要一個造型設計師，無論這位新人走的是偶像劇、歷史劇、諧星，或者是演技派路線。或許這名新人可能知道自己適合什麼角色，但更可能的情況是，造型設計師根據經驗與想像來塑造明星的路線。曾經有位演技派路線的新人，依照原本的計畫，若是走諧星路線應該較有前途。但陰錯陽差，因緣際會下，他扮演臨時的男配角，未料收視率奇高，後來順水推舟，改走演技派這條路。過去原以為只有演藝界才需要造型設計師，但如今沒想到連社會學界也是一樣，這位學者至今仍被視為擁有卓越研究能力，而且是演技派的代表人物。所以，他今日的「成就」應該歸功於他的造型設計師。

社會（科）學界與演藝界當然有所不同，應該沒有人會拿這兩個差異頗大的領域來比較。身為東、西方歷史比較研究大師韋伯，應該不會同意這種看似十分不智的做法。不過，在社會學界，我們卻（可能）將一位對東方——特別是中國——不甚熟悉的學者當成大師級人物。數十年來，這種態樣幾乎沒有什麼變化，可說有點不可思議。這好似長久以來觀眾將一名男諧星當成了演技派藝人，雖然無可否認，這位諧星的表演功力不容小覷。

然而本文如此「不倫不類」的比較，自然不爲學術界所認可，不過，如果筆者想要影射的人物是大師韋伯的話，或許能讓讀者會產生一些興趣才是。

即使無法百分之百確定，但我們或可找到爲何韋伯認爲中國法律自秦朝開始就已停滯的源頭。**Arthur de Gobineau**（阿蒂爾・德・戈比諾，一八一六～一八八二）在一八五三年寫作時，就引用當時東方研究學者的研究成果，其中很明顯地看出，他把自己所看到的沙文主義轉換成種族主義之樣貌。對de Gobineau來說，黃種人的特徵是「完全缺乏想像力，只關懷自然需求的滿足，不肯放棄，一心一意追求平庸或荒唐的理念……極少或毫不活動，以及毫無精神上的好奇心」。以下的幾句話更是露骨地呈現出白種人的優越感，或許讓我們在無意間瞥見韋伯打從哪裡知道中國法律自秦朝起即已停滯不前了。對de Gobineau而言，中國的文明——包括法律體系——標示著黃種人文化的最高程度，然而，早在「秦始皇革命、掃除了白種人最後可見的痕跡」的時候，就已取得現有的形式「並且從此停滯[1]」。在韋伯還算年輕時，歐洲人對黃種人（與中國人）的看法，應該是處於一種不甚友善的氛圍，由於十九世紀的歐洲，瀰漫著達爾文進化論與啓蒙運動，結合工業革命與海外殖民獲致成功的氛圍。這可能影響韋伯對中國的看法，也讓他找到根本無須對中國法律進行——即使是最粗淺的——研究的理由。

不過，上述的說法顯然還不夠，因爲韋伯的年代距離秦朝（西元前二二一年～西元前二〇七年）約有兩千年光景。如果在這樣漫長的歲月裡，什麼都沒改變的話，這種情況顯然令人懷疑其眞實性。於是，西方學者睿智地爲了中國發明所謂「社會結構與歷史的穩定性」這樣的概念，這或許不是純粹爲了中國，而是爲了「整個」非西方世界。這事有點弔詭，甚或有點可笑，當代中國深受馬克思（主義）的影響，奉馬克思的歷史觀爲圭臬。而馬克思的啓蒙者之一即是黑格爾（Georg Wilhelm Friedrich Hegel, 1770-1831），難保馬克思對中國的負面看法不受黑氏的影響，那麼，黑格爾到底怎樣看待中國呢？黑格爾在詮釋中國時，他說：「中國文明標記爲『世界歷史性』發展的最低層。中國之所以不能到達較高層級，是決定於該國的地理條件和人民的重要性格」。對他而言，中國只是個「半原始的東方專制主義」之例，皇帝一人只憑藉「個人意志與古代箴言」來治理其國度，這是個「神祕專制」的國度，並且，因爲奠基在家族主義的原則下，使得整個中國社會都不曾超越過這個原則[2]。筆者認爲，黑氏的影響匪淺，左右不少社會（科）學家的思維。

漢學家Gregory Blue（布魯）對於韋伯的看法，值得一看。Blue認爲韋伯在一九二〇年完成了他對於「傳統」中國社會的研究，他說得沒錯，韋伯的目標乃是「明確說明、通盤界定西方文明以及特定現代資本主義的特徵，並且辨識出他認爲具有普世有效性，但只有西方出現的文化現象的成因」。於是韋伯利用對照的方式，將西方與非西方（例如中國、印度）做比較，以突顯西方所獨有而東方所欠缺者。Blue認爲，這是韋伯分析其設定問題的典型技巧。本文覺得，這與二分法不無關係。當然，對社會（科）學界而言，這是不幸的事。最明顯的問題在於，東西方間的共通之處，韋伯（及其粉絲們）極容易刻意忽略，例子不少，並且筆者已在前書中證明[3]。另外，Blue還強調，韋伯將中國官僚制度視爲社會變遷的主要障礙，這使得韋伯堅守中國自帝制開始時就是靜態的信念[4]。

時至二十一世紀的今日，中國「傳統」社會仍然被視爲「停滯的」、「封閉的」、「內向的」，與「落伍的」，與近代西方的「進步的」、「開放的」、「外向的」，與「現代的」顯然爲對立之物。從先前的討論中，不難察覺到許多歷史事實可以證明上述對比並非眞實，但爲什麼還是有那麼多人選擇相信呢？或許，這與下列的因素有關：例如，知識的傳播、詢問問題的方式、解釋框架、研究者個人的背景、知識流通網路的形成，以及掌握權力者的方法等等，當然，這是個極爲複雜的問題，未必能在這麼短的時間內講完。不過，以下章節安排，或許可以讓讀者看出，爲何錯誤的論點仍然不受質疑？爲何大師韋伯的崇高地位依舊穩定不墜？筆者相信，必定有不少學者終生都願意爲韋伯（錯誤）的觀點辯護，如此，應該比較能夠得到鎂光燈的投射。

本章結構如下：首先，除了各類重要學術資產之外，韋伯還留下頗有創意的提問方式，此種問法可能對於社會（科）學的進步造成某種程度的傷害。第二，我們得（再）看看，韋伯在其粉絲的心目中，其地位有如「明燈」般，指引著數個世代的學者，帶領其學生往錯誤的方向前進。第三，我們「發現」三位韋伯的造型設計師，包括世界知名的韋伯專家沃夫岡・施路赫特（Wolfgang Schluchter），以及其兩位從台灣負笈遠赴德國的、先前亦曾提及的顧忠華教授與林端教授，藉由這三位師生的論點，我們得以一窺韋伯完美形象的奧祕。最後，總結本章之發現。

現在，我們從韋伯還算有名的「負面問題」之提問法開始談起，雖不易證明，但筆者認爲，這種提問的方式，在過去曾經誤導過不少人，特別是對東、西方歷史比較研究有興趣者，而韋伯不正是這方面的「佼佼者」嗎？看來確實如此。

被忽略的「負面問題」

在歷史認識上，「負面問題」頗值得玩味，原因是：韋伯正是箇中好手。先前，我們在討論高承恕教授時，還沒有討論到這個問題，不過，這「負面問題」會導致歷史研究的偏差，筆者覺得，最好的例子當然還是可以在韋伯（及其子弟兵或粉絲）的研究中找到。更何況，「負面問題」的困境，其實高氏好友Gary G. Hamilton（漢彌爾敦）教授便有著墨[5]。其中，在韋伯研究裡，我們不難發現「爲什麼傳統中國不曾出現現代資本主義？」這個問題就是最典型的「負面問題[6]」。很明顯，這是韋伯堅信西方在歷史上曾經出現過

「現代」資本主義，而引發出來的問題。本文以下分兩部分來談，其一，什麼是「負面問題」；其二，「負面問題」的孿生兄弟「正面問題」，二者實爲一體之兩面，難分彼此。

什麼是「負面問題」

事實上，高承恕對「負面問題」亦有所著墨，他認爲研究者對於處理「負面問題」更應多加小心謹慎，否則，「問題誤導」的片面解釋就很容易產生，他進一步說明，表面看來，「負面問題」似乎不會發生任何困難，「甚至可能是比較研究上的一種策略」而已。高氏可以說是洞燭機先，他看到問題可能就在這兒出現。高承恕回到韋伯最關切的問題，也就是「西方之所以成爲今日之西方」，他認爲，一旦我們將此問題——「西方之所以成爲今日之西方」，當作一個正面的問題之時，我們心裡面同時也正在「反問中國以及其他非西方地區爲什麼沒有類似的發展」。他認爲，如此一來「可能有助於瞭解西方之所以興起的有利條件；但對非西方社會本身的瞭解而言，常常會墮入一種困境而不自知」。這是什麼樣的困境呢？高氏繼續說，由於是從「負面」，也就是從「爲何不」來看問題，這便導致研究者在面對「繁複而紛雜」的歷史現象時，自然會傾向於找尋「負面的」或者「不利的」條件。筆者認爲高氏所言甚是，先前我們看到韋伯建構出一個「負面的」

理念型——也就是「傳統主義」給東方（中國）。高承恕也好，黃仁宇也好，其子弟兵也好，大多頗爲努力地爲東方（特別是中國）尋找不利於資本主義萌芽乃至成長、茁壯的條件，於是，三弄兩弄，中國竟落後西方五百年。爲何如此呢？因爲「答案的方向」已先確立[7]。以上分析，高氏所言極有道理，但筆者仍有不甚明白的地方。

雖然高承恕教授對於「負面問題」所產生的困境卓有貢獻，不過，他對韋伯的「正面問題」——也就是「西方之所以成爲今日之西方」，可說毫無批判能力。換句話說，高氏視此「正面問題」爲理所當然，爲什麼？因爲結果已經很明顯：西方「現在」領先東方。所以，就「結果」而論，比較不會出問題，但這正是問題所在。方才我們提過這個「正面問題」，高氏說，（爲了西方）提問這個「正面問題」（將）有助於研究者「瞭解西方之所以興起的有利條件」。實際上，這個「正面問題」已經預設西方確實領先（五百年），似乎不用證明，只要接受就好。我們是如何知道西方早已領先呢？高氏不是希望我們進入歷史嗎？乍看之下，高承恕的學生好像對「走進歷史」（或「實質研究」）不感興趣，高氏也沒有，韋伯更是沒有，充其量韋伯只是透過操作理念型，讓「傳統中國」落後於西方（五百年之久）。試問，十六世紀時，西方在什麼地方領先中國（東方）呢？科學、技術、手工藝，還是某種具有比較利益優勢的產品？沒有人願意先走入歷史來釐清這些問題，韋伯只是告訴我們西方有資本主義（理性化），東方則無；此外，形式理性的、可預測的法律則只存在於西方，這是支撐資本主義最爲重要者，東方也同樣沒有。再者，韋伯認爲西方能開始領先，與某些經濟倫理有關聯，具體而言，是新教倫理；後來，新教倫理大概不管用了。韋伯主張傳統中國的法律是不可預測的，可是，他竟然不清楚中國是個義務觀的社會，連「傳統」中國的法律制度到底如何運作也都不知道。

說也奇怪，明清（「傳統」）中國人口總數占世界的比重是最高的，比任何一個朝代（國家）都高，但韋伯卻告訴我們，那裡的法律是不可預測的，所以，依據他的說法，這個龐大國度裡，每天都有一（大）群人在閒晃著，誰也不清楚對方的言語、肢體動作，或是臉部表情到底有無意義？較爲富有的人總想做點買賣，項目包括土地、不動產，像是房屋、倉庫、工坊等，這些也都不會有書面契約，或者因爲金額龐大，不得不寫合同、用印與押日期，不過，官府也不管到底有沒有履行，因爲那是私人的事。但這到底是怎樣的國度呢？明清中國——與西方「領先五百年」基本上是重疊的——成千上萬的人漫無目的地趴趴走，這是韋伯（與其子弟兵）心中的圖像，我們竟然毫不猶豫地接受！筆者認爲，高承恕對韋伯的說法有些意見相左，就如前面所分析。但高氏大致上贊同韋伯的論點，對知識的傳遞，這確實有點麻煩。但更麻煩的則是：高承恕教授在學生心目中地位崇高，可想而知，他的學生一定在「尊師重道」的高貴情操指引下，必然虛心受教，而且大概不會與其尊敬的師長發生意見衝突，然而這正是問題的癥結。行文至此，讀者應該還會想到教育部，這個（將）使愈來愈多的年輕學子擁抱錯誤的、偏頗的、歐洲中心主義的歷史觀與世界觀。簡言之，我們已習於透過西方人的眼睛看世界，用歐洲的經驗來檢視東方（中國），結果經常找不到任何有意義的「轉變[8]」。如此，我們常常無法找到和歐洲相似的經驗，從而選擇相信非西方國家並未產生有意義的變遷，社會（科）學即便不是「充斥」，也可說十分「流行」這類的說法，相信教育者（很快地）從而發現自己的歷史課綱到底有何問題。

相信「負面問題」應該是每位對韋伯感興趣的研究者——包括筆者——相當熟稔之議題。世界知名的韋伯專家施路赫特對此應該是比任何人都清楚才是。施路赫特的大作《現代理性主義的興起：韋伯西方發展史之分析[9]》奠立他成為世界韋伯專家的地位。中文版譯者為林端教授，他於一九八九年從學於施路赫特，專攻韋伯社會學理論和儒家倫理。台灣還有一位施氏之學生，那就是顧忠華教授，先前我們已討論過顧氏之著作，本書稍後將會補充。

「正面問題」：一體之兩面

繼「負面問題」之後，我們得看看「正面問題」。事實上，這僅僅是一體的兩面而已，並且與西方哲學的二分法不無關係。「負面問題」是為東方（非西方）世界而問；「正面問題」則是為了西方世界量身打造的。二者是對立的，但也為了對方而存在。很遺憾地，全球韋伯專家施路赫特大體上是為韋伯擦脂抹粉的人，雖然這是理所當然，不過韋伯為西方提出「正面問題」，為東方指出「負面問題」，他卻照單全收。筆者猜想，對施氏而言，重要的是，如何穩住韋伯在世界上、在社會科學領域裡崇高的學術地位。所以，韋伯所提出的問題，對他而言，其重要性不高，即使韋伯所提的問題本身並非沒有問題。

如同高承恕所言，在「歷史認識」上，「負面問題」的（某）問題「雖然不決定答案，但決定了答案的方向[10]」，不過很可惜，當年高氏並未用此質疑韋伯，反而加以忽略，也許那時候眞不宜列舉出太多韋伯的缺點，否則，學生可能會無所適從，特別是習慣於接受塡鴨式教育（如今已步入中年）的我們。然而，更可惜的是，世界級的韋伯專家施路赫特，在專書的封底，也就是描繪該書特色的地方，寫著以下的句子：韋伯企圖為「西方現代何以成為西方現代？西方特有的理性主義何以興起？」這複雜議題尋求答案。當然，這不是內文本身，不過，即使是出版社代筆[11]，也得經由作者的同意。本身另也有譯者，不過，譯者為作者的學生，這理由或許可以讓我們便宜行事，將上述的幾句話視為作者自行撰寫的，也就是說，作者認同這樣的說法。按照高承恕教授的觀點，西方學者——韋伯、施路赫特，以及認同他們的東方知識分子提出「正面問題」，研究者傾向於尋找

「正面的」或者「有利的」條件來支持自己對「西方之所以爲西方」的論述，如此，答案的方向在設定問題時即已確立，一旦遇到不合適的例子，只好假裝沒看見，原因不難猜到：因爲無法解釋。「負面問題」（或者「正面問題」）的問法，如果能加上理念（類）型這種提供「詮釋框架」的概念工具，二者合一，可說如虎添翼，讓古典社會學巨擘、同時是東、西方歷史比較研究大師的韋伯，在解釋西方的崛起與東方的衰落時，簡直無往不利，風靡全球，讓難以計數的粉絲們爲之著迷。箇中一個原因是因爲「負面問題」實在太吸引人，世界級韋伯專家施路赫特——應該也不懂中國[12]，也同意這樣的看法，因爲他的專書封面底部之該書特色，的確寫著上述的「正面問題」。

我們得將「正面問題」調轉一百八十度，使其變成「負面問題」。如此，讀者也許會清楚筆者想表達的，並且「正面問題」與「負面問題」亦可以視爲一體的兩面。施路赫特相信韋伯是爲「西方現代何以成爲西方現代?西方特有的理性主義何以興起?」而努力於他的學術追求，爲瞭解西方的崛起，韋伯（與施路赫特）爲西方提出「正面問題」。現在，先讓我們換一種來問：「非西方不現代（或傳統）何以成爲非西方不現代（或傳統）?非西方爲何沒有（像西方一樣的）理性主義興起?」我們再換另一種方式提問：「東方（中國）不現代（或傳統）何以成爲東方（中國）不現代（或傳統）?東方（中國）爲何沒有（像西方一樣的）理性主義興起?」這時，如果我們再往前延伸一些，檢視東、西歷史研究之中常見的「負面問題」的話，我們將會看到，在某些特定因素——例如，被殖民的經驗、工業化的動能不足、年久失修的基礎建設、落後的醫療與教育體系等等——的制約底下，非西方知識分子經常會不自覺地提出「負面問題」來進行其研究，而我們可能必須假定他們並沒有能力發現自己受制於負面的提問法，例如，東方（中國）在尚未進行歷史研究之前，經常被問到像是：「中國為何沒有資本主義？」、「中國為何不能產生權利意識？」、「中國為何沒有出現本土的產權意識？」、「東方（中國）為何不能產生市民社會？」、「中國封建社會為何無法脫離小農經濟？」甚至是「中國為何不向海外擴張，爭取殖民地？」等。

總言之，「負面問題」也好、「正面問題」也罷，當問題提出時，「答案」的方向便已經確立，研究者只能往「既定的」（或「自訂的」）方向繼續向前行，否則將難以回答自己提出的問題。依稀記得，高承恕教授好像在哪兒曾經提到，為避免遭遇「負面問題」（或「正面問題」）所產生的困境，最好的方法就是在歷史文化脈絡中找尋答案，簡言之，即「走進歷史」（「走出困境」）。但韋伯絕不會處於如此之窘境，因為其粉絲們願意選擇遺忘。不過，韋伯專家施路赫特無論對「正面問題」或「負面問題」都不是非常在意。如果施氏認為韋伯終生所關切的問題，是「西方現代何以成為西方現代？」與「西方特有的理性主義何以興起？」值得我們進一步深究的話，相信不可能放在他專書的中文版

《現代理性主義的興起》的封面底部拿來當作「賣點」（或「該書特色」）才是。可以這麼說，在施路赫特腦海中的「詮釋架構」其實早已爲韋伯的學說選定「答案的方向」，於是所有的「分析」只能按照既定的方向前進。不過，學術上最基本的要求，讓施路赫特在大致贊同韋伯想法的同時，我們也會期待他的一些微詞。當然，比起看似有點「囂張」的筆者對韋伯的批判，施氏應該會「自嘆弗如」才是。

試想，身爲東、西方歷史比較研究專家的韋伯，在深入探討與中國相關議題之前，就已經事先爲追隨者設定「答案的方向」，具體而言，就是：「中國沒有資本主義」、「中國沒有本土的產權意識」、「中國無法產生市民社會」、「（封建的）中國社會無法脫離小農經濟」，以及「（內向的）中國不可能向海外擴張並爭取殖民地」。於是，學者（們）努力找尋「證據」來符合上述幾個「負面問題」。那麼，不符合的部分呢？就等這些學者先享受美好的名聲之後，行有餘力，再找點時間做研究吧！所以，筆者認爲，施路赫特應該花更多力氣處理韋伯所留下的「負面問題」（與「正面問題」）才是，但可惜，施氏對此興致缺缺。那麼，施路赫特對此問題不採批評的立場，其影響可說相當直接，因爲這就等於施氏接受上述幾個關於中國的「負面問題」的論點，也認定無須再進行研究。那麼，從某個角度來看，接受大師韋伯的說法，其實是相對容易的，因爲不必再耗費人力、物力與時間去「走進歷史」，以「走出困境」，而只需要相信大師是對的，就足夠了。施路赫特如此，黃仁宇如此，高承恕教授及其子弟兵同樣也是如此。

指引社會（科）學界的明燈

世界上，有許多學者曾向韋伯表示極高的崇敬，在此我們則看到，三位師生——施氏、顧氏，與林氏——對韋伯學說所展現的至深敬意。當然，若以儒家倫理的角度審視，這值得肯定，但若以學術的角度來觀察，就不一定值得嘉許了。

雖然筆者寫作專書已近十年，但總還得有些新意才行。因此，接下來，筆者並不打算閱讀書本內文，而是先看其封面底下寫了什麼？通常，這裡寫著該書的特色。我們圍繞在三位可敬師生——也可以說是韋伯專家——的身上。

筆者在前書已討論過施路赫特的學生顧忠華教授的某些論點，或許部分讀者有些印象[13]。我們就從顧氏對韋伯的讚嘆聲中開始吧！二〇一三年顧忠華完成其大作《韋伯學說當代新詮[14]》，在開始之前，筆者還得再略微表達一下自己內心的想法，當年的顧忠華也罷，林端也罷，他們之所以選擇施路赫特作爲論文的指導老師，當然是有感於施氏的學術地位，而且還得再加上他們對深究韋伯學說的熱情所驅使，施路赫特正是最佳人選。所以，我們將會發現與施氏相同，顧、林二人大致上接受韋伯的想法。不過，或多或少仍然可以找到與韋伯論點相異之處，特別是林端的法律社會學，對於韋伯的確有較強且深入的批判，而這可是在施路赫特與顧忠華兩位教授身上所看不到的。不過，說也奇怪，除了宗教社會學之外，法律社會學也同樣是韋伯風靡全球的重要領域，然而，身爲世界級韋伯研究專家的施路赫特，他對於「傳統」中國的法律體系也不瞭解，一百（多）年前的韋伯可能不太容易找到相關的中文資料（如果韋伯懂中文的話），照理說現今的海德堡大學裡應該不難找到幾本有關「傳統」中國法律體系的專書才對，爲何施路赫特不替韋伯多讀幾本呢？顧忠華教授對於韋伯的法律社會學似乎也沒有太多想法；不過，林端教授可不相同，他的確批評過韋伯，當然，這與林端的專長不無關係。但讓我們暫且先放下這個議題。

現在，我們從顧忠華教授的大作開始，我們同樣先看該書《韋伯學說當代新詮》的封面底部（「該書特色」），因爲，爲求書籍的銷路，寫在這裡的小段落，卻是該書最具特色之處，雖然有點一反常態，不過，筆者相信，這「特色」至少十之八九呈現出全書的風華。筆者節錄當中幾個段落，並且儘可能不傷及顧氏之原意，他說道：「韋伯……是德國著名的社會學家……他所創新的社會學體系和方法論述……**加深了**世人對於現實世界的理解與解釋。韋伯的論著……本身即具有經典性的學術價值……〔本書〕書中的各篇文章，代表了作者近二十多年來詮釋韋伯學說的心得……幫助我們瞭解、掌握韋伯**博大精深**的思想脈絡。在紛繁複雜的人類文明進程中，解讀韋伯無疑像是點燃了一**盞明燈**〔粗體均爲筆者所加）」，指引出二十一世紀社會變遷重要意義的正確道路[15]。」

這裡，我們確實看到一盞明燈，它照亮了我們面前那條探索世界的道路，若沒有它，無論是學者也好、學生也好，這條路大概難以前行，於是躺在路旁的白楊樹下歇會兒，晚風吹來，夕陽西下，倒頭睡個甜美一覺，那時天色還不算太暗，所以遠處的「明燈」看似散發著微弱的光芒，繼續指引著路人。不僅學生，學者亦同，相信略覽顧氏大作「特色」的描繪以後，心中對於韋伯的敬意已油然而生，先前好不容易才培養出來的批判能力早已拋到九霄雲外。可以確定的是，一如同其論文指導老師施路赫特，顧氏將韋伯視為社會（科）學道路上的一盞明燈，導引學生朝向特定的方向，但也只能往那裡邁進。說起來，學生應該相當無奈，但似乎沒有其他選擇。

現在，或許我們應該先看看顧忠華教授是如何看待韋伯的，吾人再稍微質疑一下他的看法。首先，他認為韋伯為社會（科）學界創立新的體系與方法論，這「加深了」人群對現實世界的瞭悟。當然，如果這麼肯定的話，也就不會有人想要寫什麼《社會學囧很大1.0：看大師韋伯如何誤導人類思維》，更不會有之後的《社會學囧很大2.0》，與這本《社會學囧很大3.0》，這三本書的副標題都是「大師韋伯長期以來誤導了人類的思維」，或許讀者可以稍加瀏覽，但坊間曾聽說三本合購的話，折扣的趴數還頗讓人心動，聽說不少人已經打算掏錢買下來。其次，顧氏提到韋伯的著作本身具備了「經典性的學術價值」，這點筆者亦不敢苟同，原因是，一旦讀者看到、聽到「經典」二字，內心突然謙卑起來，腦海中浮現著，在閱讀「經典」著作之後，整個人從此有了內涵，不可同日而語。因此，在謝某服務的單位，有次要老師們提供社會學「經典」著作給學生閱讀，筆者自動放棄這樣的機會，因爲害怕「經典」著作誤人子弟。

再次，顧氏對自己二、三十年來詮釋韋伯學說展現相當的自信，這眞是不容易，筆者同樣覺得，他的確頗具心得，特別是在掌握韋伯「博大精深」的思想脈絡上，在《社會學囧很大2.0》中，筆者已對顧氏的論點提出質疑，在此似乎只能略微重述，顧氏受韋伯（與施路赫特）的影響實在太深，以致於認爲，即便在十七、十八世紀長達一百三十四年的康、雍、乾盛世，難道毫無作爲嗎[16]？在國力——特別是經濟力強盛的時期，無論如何都無法產生資本主義，由於「傳統主義」持續作祟，使這樣的情形得一直到改革開放才有機會改變。此外，概略說，韋伯對「傳統」中國的描述大致是：整個政治制度看起來「似乎千古不易」；在經濟結構上，「自給自足的小農經營和血緣團體的組織」導致經濟「停滯不前」的窘況[17]。韋伯「博大精深」的論點在顧氏的思維中完全展現。至此，我們應該無須再懷疑顧氏所言「在紛繁複雜的人類文明進程中，解讀韋伯無疑像是點亮一盞明燈，指引二十一世紀社會變遷重要意義的正確道路」了。接著，我們來看施路赫特的說法。

在《現代理性主義的興起》的封面底部，未必一定出自於施路赫特，但是至少他應該會同意的一段話：「韋伯一生的學術研究，志在彰顯西方現代與西方理性主義的獨特性……他〔韋伯〕以極其繁複的論證，在西方文化以及跨文化間的比較下，縱橫上下論古今，突顯了西方現代與西方理性主義興起的非預期結果……本書作者施路赫特藉由《韋伯全集》的重新編輯、二手文獻的大量湧現，前所未有且全面性地回歸到韋伯作品，對韋伯的學說進行整體化與脈絡化的研究，企圖爲『**西方現代何以成爲西方現代？西方特有的理性主義何以興起？**〔粗體爲筆者所加〕』的複雜議題尋求答案[18]。」從這個段落中，我們得以看出世界級韋伯專家施路赫特對於韋伯的讚賞程度，特別是韋伯學問的博大精深，而得以「縱橫上下論古今」，世上無出其右者。

上述這段話，筆者確實有不同的看法，首先，《現代理性主義的興起》一書認爲韋伯終其一生，爲的是「彰顯西方現代與西方理性主義的獨特性」。事實上，施路赫特也好，林端教授也好，兩人都知道除了西方的「價值理念」以外，其實另外也有（至少）一種「同樣優越的」價值理念等待吾人去發掘。雖然，中文版（文本）於二〇一四年二月由台大出版中心出版之前，林端教授已離世一年，所幸，其研究精神、熱情已廣爲流傳。林端之妻呂愛華談及其夫婿時，她說：「少有人翻譯一本書，是爲了翻譯一種價值理念」，具體而言，「林端用他一生的生命，更明確地說，是背負一個歷史使命，去挖掘出另外一套雖無西方方法論那般精鍊，但它卻也同樣博大精深、令人讚嘆的儒家文化[19]」。譯者林端教授相信他的老師施路赫特亦同，知道所謂的西方理性主義的「獨特性」，在其他地方同樣也能找到，但他壯志未酬，還得有其他人繼續其事業。

在此，僅再舉個關於法律理性化的例子，學者牟利成認爲韋伯持以下看法：「理性化程度最高的法律制度——邏輯形式理性法」與「理性化程度最高的經濟型態——資本主義」兩者之間的關係十分密切，「前者逐漸發展爲後果的必要但不充分條件」。很多人懷疑韋伯這種說法，包括筆者在內，並且問題在於：韋伯堅信「理性（化）」是西方獨特之物，法律的理性化亦同，其他地方都無法找到。不過，牟氏選擇韋伯「深信」（但筆者質疑韋伯是否眞心擁抱）的「多元論」立場。牟利成提及，「（此時）韋伯又回到自己多元論立場，他的回答（是：）……不同社會原有的政治結構、司法結構、法律職業組織方式、文化和歷史等決定了**法律理性化**可能型態的**多樣性**[20]（粗體爲原文所有）」。筆者的看法是，人一旦成名之後，這人過去所犯的錯誤將不被重視或追究，韋伯就是個明顯的例子。事實上，韋伯的邏輯應該是很清楚的——西方「有」資本主義，東方則「無」；前者伴隨著理性化的過程，無論是法律、醫療、軍事、教育，與（奴隸貿易的經略）管理等等，東方社會則找不到任何理性化之蛛絲馬跡，因此很明顯，韋伯的確相信自己所見，他看到的是西方的「獨特性」。不過，筆者倒不否認，韋伯可能在某些特定的場所，發表一些關於他自己尊重「多元主義」的意見，但僅止於禮貌上的，內心絕非如此。

其次，因爲韋伯繁複的論證，所以，研究西方文化與跨文化間的比較變成理所當然，讓人錯認相異文化之間的比較最爲重要，但其實，韋伯要的並非不同文化之間到底存在何種差異，而且，類似於新教倫理在不同的文化裡無法被看到。況且，東西方的興衰，豈僅因某種經濟倫理，或是文化上某種價值不同所導致？其他如地緣政治、帝國主義、科技進步（包括軍事），以及慘無人道的奴隸貿易，爲何比起文化的差異不重要呢？本書先前已經證明「結構的韋伯」幾乎沒有分析能力，遠不及「行動的韋伯」，雖然後者的分析看來極似化約論者，同樣也是單薄。而且，如果某種經濟倫理眞的那麼重要，爲何韋伯還得花時間去分析結構因素的影響呢？

再其次，關於非預期結果，筆者倒認爲，將西方理性主義視爲宗教改革的非預期結果，簡直是太過聰明的做法。其一，其他地方沒有類似的改革活動，所以，似乎不可能產生什麼非預期結果；其二，將之視爲非預期結果，可以說是一種「逆除魅化」，也就是一種「神祕化」的過程，這讓研究者無所適從、眞僞難辨，也無從驗證起。最後，誠如高承恕教授所提，在「歷史認識」上，「負面問題」的問題「雖然不決定答案，但決定了答案的方向[21]」。看到這樣的問題，至少大部分的研究者會開始去尋找西方到底有何優勢，才得以成就今日的西方；很少有人會問，相較於東方而言，西方現代眞的存在嗎？西方的理性主義，眞如韋伯所言，具有獨特性嗎？答案應該是否定的，這可是出乎韋伯意料之外，事實上，西方社會可以找到的理性主義之特質，諸如「專業化」、「視勞動爲義務」、「可計算性（或稱「數目字管理」）」，在東方（中國）同樣可以發現[22]。

也許我們可以談談，在《現代理性主義的興起》的最後部分，譯者林端教授寫了幾頁的〈譯者跋〉，其中再區分爲以下幾個小段，包括「暗夜裡的明燈」、「施路赫特：通往韋伯的捷徑」與「海德堡古道邊的翻譯者」三個部分。「海德堡古道邊的翻譯者」敘說林端自己在「多少殘燈明滅裡，多少異鄉夢魂中，都是在這些有關韋伯、有關施路赫特以及有關西方如何成爲現代西方、西方現代主義如何興起等等問題裡犬牙交織[23]」。另外在「施路赫特：通往韋伯的捷徑」這一段林端教授讚嘆自己的老師施氏，在儒教倫理的思維下，這原是理所當然。林端說：「在韋伯學術研究的領域內……他都有極其精彩、超越群倫的分析解釋，如果年輕學子無法一窺韋伯學術之堂奧時，不妨先看施路赫特的詮釋作品，那無疑是最好的敲門磚」。而「暗夜裡的明燈」這一部分，林端教授表示在自己的求學過程中一度迷惘，但是在接觸韋伯之後，他結合社會學與歷史學，之後「才逐漸把解脫與救贖或找尋出路的希望，從文學轉移到社會學與歷史學的方向」。當然，對林端教授而言，韋伯在學習的過程中，扮演相當重要的角色。這一點與筆者謝某極爲不同，謝某似乎只是在批判（卻又提不出一套新的說詞），未來難以在學界找到可以立錐之地，不過，事到如今，這頹勢已難挽回。

不過，在施路赫特、顧忠華，與林端三位師生之間，相對而言，筆者還是認爲林端教授，的確比較勇於批判韋伯，這應該與他在大學時修習歷史學爲輔系有關。正如林端教授自己所言，自一九九五年返回台大社會系任教之後的十多年，他都是在韋伯、施路赫特，與西方理性主義的解釋框架下進行其韋伯研究。不過，與施氏、顧氏不同，林端在「比較宗教學」的領域裡批判韋伯，在「比較法律社會學」上同樣批判韋伯「誤解」——筆者來自鄉下，相對較爲鄙俗，是故，筆者覺得，韋伯根本是「不懂」中國傳統法律，並且在「比較文化社會學」裡，提出他對「規範性的歐洲中心主義」的挑戰[24]。可以這麼說，林端教授在上述這幾個面向的表現不僅可圈可點，而且曾是學生的他，已然「超越老師」施路赫特。光就這一點，顧忠華就失色不少，不過，可能顧氏奉「尊師重道」爲行事圭臬吧！

現在，容筆者稍微離題一下，拿林端教授與先前提到的高承恕教授相比的話，林端教授立即勝出，因爲高承恕不懂中國近代史，所以當高氏談到「中國人的問題與中國人的觀點」時，仍然難以跳脫文化化約主義的影響，這一點可能與韋伯的關係相當密切。他問道：「中國社會文化的特質是什麼？中國近代爲什麼不曾開展出現代資本主義，而淪爲邊陲地帶？我們……可能的突破和出路在哪裡？……韋伯與華勒斯坦對西方資本主義興起的研究是極有價値的[25]」。筆者猜想，林端教授應該對中國近代史更瞭解一些，不致像高氏提出這樣的問題：「中國近代為什麼……淪為邊陲地帶？」明朝何時淪為世界的邊陲呢？康、雍、乾盛世不也是近代？世界的邊陲豈在盛世中國？高氏一面說，應該「走進歷史」，但自己卻總在歷史門外。我們應該會期望高承恕教授對中國歷史的瞭解應該比韋伯稍強一些才是，但可惜沒有。筆者覺得，林端教授是比較在意歷史的社會學家。

三位韋伯的造型設計師

在此，我們選擇施路赫特教授、顧忠華教授，與林端教授，前者是後二者的論文指導老師，其中，林端應該是這當中唯一「膽敢」向韋伯說真話的人。並且，在韋伯研究之主要領域（之一）的法律社會學挑戰大師韋伯，特別是在從小學教育就強調「尊師重道」的儒家倫理的氛圍之中，這可說難能可貴。我們依序討論三位對韋伯的看法。

首席化妝師——施路赫特教授

如果不寫施路赫特教授對韋伯的看法，那麼，《社會學囧很大》將失去意義，無論是第一集、第二集，或第三集。身為全球最知名的韋伯專家，施氏論點的重要性不言自明。以下，我們再分兩小節分析，包括相對重要的「西方發展史」所引發的問題，以及「再為大師韋伯辯護」這小節，從某種角度觀之，所討論的問題或許相對不那麼重要。

關於「西方發展史」的問題

筆者認為，施路赫特教授的大作《現代理性主義的興起：韋伯西方發展史之分析》，其副標題「韋伯西方發展史之分析」，「西方發展史」可以說是個極佳的策略，對於保持韋伯的崇高地位而言，加上「西方」的確可以避免讀者過度擴大韋伯論點適用的範圍與地域，但筆者覺得效果可能欠佳。

施路赫特為韋伯寫上所謂「西方發展史」，看起來，好像與非西方（東方）沒有特別的關係，但這只是虛晃一招而已。至少以下幾個原因可以說明施氏為韋伯大師形象擦脂抹粉的強烈企圖心，其一，雖然加上「西方」的意義明顯地是想告訴讀者，韋伯所在意者，其實是「西方」，然而若是沒有「東方」這個概念，人們無從瞭解「西方」到底為何物？換句話說，「西方」與「東方」必須並存於人們的思維之中，自然看到「西方發展史」。但讀者會聯想到，那麼什麼是「東方發展史」？其二，「西方發展史」當中談到不少「西方」的「理性主義」、「諸階級與身分」、「法律與支配類型」、「宗教與經濟之關係的比較研究」等等，為了配合韋伯終生關心的問題（之一），也就是「西方特有的理性主義為何興起」。依此情形，研究者在「大師的權威」之下，到底有多少人會選擇去證明西方

「特有的」（「獨特的」）理性主義，在別處也可以找到？應該不多，但筆者確實是當中少數的一個。其三，筆者認爲，施路赫特的做法，的確可以爲韋伯不甚瞭解東方（中國）找到台階下，如果還沒想到更好的說詞的話，我們幾乎可以這麼說，韋伯「想像的」中國一個世紀以來，早已變成了社會（科）學家、歷史學家研究中國的「原形」。「傳統」中國的模樣大抵上就如韋伯所描繪者，無須大幅度更改。因此，在施氏的大作《現代理性主義的興起》看不到太多關於中國的探討，筆者猜想，這樣是最保險的，因爲學者孤獨的書房未必是瞭解另一個陌生國度的最佳地點。

但總之，施氏爲韋伯的所作所言，在情感上仍應予肯定。以下，我們再看施路赫特關於「西方發展史」的說法，以求進一步地瞭解他的想法，至少表達筆者的淺見。這裡還略談「發展史」的概念，這是施路赫特從韋伯的作品中淬鍊而出的，它整合社會學與歷史學，並且這個「發展史」絕不能說與「世界史」無關。韋伯的「世界史」，如施氏所言，它「主要偏重在宗教社會學內，但並不只限於此一領域」而已，在其價值判斷下，韋伯「選擇」一個像是規範般建立起來的要項，依據它們「引導了一個理念型（*Ideen*）的發展建構」。施路赫特繼續爲韋伯辯護的工作，他說，這個理念型的建構，不應被解釋爲一個「社會變遷的理論」，而該被當作「社會發展」的理論，是結構原則的「更替」而已，並且，不能求「放諸四海皆準」，這就是施路赫特所稱之發展史

（*Entwicklungsgeschichte*），原則上「發展不只一個，而是多個」。的確，韋伯的興趣乃是針對西方而發，施氏爲讀者們在韋伯的作品中「抽離萃取此一發展史[26]」，讓我們能直接察覺其精華所在。

針對施路赫特對於「發展史」的看法，筆者看法不甚相同，簡述如下，首先，不少學者強調社會學與歷史學結合之必要性，韋伯就是其一，如果我們同意社會學試圖尋找社會運作之律則，歷史學提供的經驗事實支撐某種規律的話，二者的結合可謂互謀其利，不過，能做到這種程度的人並不多，至少歷史比較研究大師級的韋伯自己就做不到。「行動的韋伯」試著從世界各宗教裡尋覓某種「經濟倫理」有利於「資本主義」的發展，結果是：有一群人因爲「內在的緊張性」迫使他們汲汲營利，而且，透過「瞭悟」方法學的分析，韋伯告訴我們，他們是爲了榮耀上帝，卻不談他們的內心不僅想到「（自己的）救贖」，同時還爲滿足其虛榮心，並且還可能與外頭兩位情婦有關，另外再加上想爲兒女留下更多財富等等。筆者認爲，「行動的韋伯」比起（心理）化約論者還要「化約」，所能提供者，僅僅剩下「內在緊張性」，然而他招來不少（粉絲）學者，認眞的去找儒家倫理是否能產生相同的「內在緊張性」，彷彿只有透過這種焦慮感才能產生資本主義。奇怪的是，黑人因爲得橫渡大西洋，內心也產生焦慮感，這種感覺與龐大的利潤同時蘊生，只是錢進了歐洲（資本家）的口袋而已，黑人的焦慮感（或其「內在緊張性」）不也是對資本主義的興起有幫助？「行動的韋伯」如果願意花點時間分析它，可能會讓「結構的韋伯」所持的論點更具說服力也說不定呢！

其次，施路赫特認爲「發展史」與「世界史」有關，並且，韋伯的「世界史」，如施氏所言，它「主要偏重在宗教社會學內，但並不只限於此一領域」。可以想見，如果說西方的社會變遷與宗教改革有關的話，應該不無道理，不過，若「只與」宗教改革有關的話，恐怕不太有人相信。但韋伯卻是例外，相信韋伯的人還眞不少，也包括青年的謝某。不過中年的謝某除了不相信韋伯之外，也不太相信施路赫特，不相信前者乃是因爲寫了兩、三本專書大加批評，證明不信韋伯所說的；不相信後者，是因爲施氏是世界級韋伯專家，筆者怎麼能不相信前者而去相信後者呢？於情於理都說不通。不過，更重要的原因是，韋伯明明說過，西方的「獨特性」是因爲宗教改革之後，產生某種「經濟倫理」有利於（甚至「導致」）「資本主義」的興起，然後，他再拿中國與印度爲比較對象，認爲這兩個文明古國，無論在某段期間發展得再好，但也無法產生類似的「經濟倫理」，遑論產生「資本主義」。筆者相信大師韋伯不會只將自己的「理由」放在「宗教社會學」這個籃子裡，但這個籃子裡卻放入他認爲最重要的「經濟倫理」，也就是「新教倫理」，那麼，非西方（東方）世界怎麼可能找得到「新教倫理」呢？就算是樣貌神似，韋伯（及其粉絲們）也會儘可能擴大兩者間的細微差異。

最後，筆者同意施氏認爲「發展史」不應該被解釋爲一個「社會變遷的理論」，而應該只是結構原則的「更替」而已，並且，不宜作「放諸四海皆準」的要求。因爲韋伯除了拿中國與印度的宗教來與宗教改革後的西方相比之外，他再也沒有多餘的時間去比較其他宗教了，筆者認爲，若時間允許的話，韋伯會將之「放諸四海」並且讓它們「皆準」的。

以下，我們再看施路赫特到底還說了什麼？筆者還有什麼要補充的。

再為大師韋伯辯護

以下幾點看法，我們還是難以看到持平論證的施路赫特，所看到的仍是他爲大師韋伯辯解。這裡，我們先陳述施氏對韋伯某論點的看法，然後直接提出筆者的疑問。

首先，施路赫特談到：「韋伯首先**有意**想要建立一個（單一的）因果關係。但這也還是在一個相當有限的意義下如此。因爲在現代職業倫理的『宗教的影響成分』（*religiose Einschlage*）的證明，既不可用來解釋所有現代經濟倫理被理念制約的種種特色，而且也無法以這提出的說明來要求說：已做了足夠地特殊化或『量化』的工作……韋伯認爲禁欲的基督新教的宗教倫理只是現代生活方式的一**個**建構成分，而其他的必須同等看待且他探求的只是這個因果關係的『一般的方向』，『介於宗教信仰的種種特定形式與職業倫理之間可察見的諸（種）**選擇性的親近關係**[27]（粗體爲原文所有）……』」。本文認爲，如果我們不在此處探究他是否在「合理化」韋伯原本說法之缺陷的話，這可說是施氏遠比韋伯更具智慧的說法。理由至少有三，其一，爲何非得要由宗教產生的經濟倫理才能促進（資本主義）發展？韋伯難以提供有說服力的理由；其二，與「量化」工作有關，到底要有多少新教徒才能讓「變遷」產生呢？如果有兩個城市都有新教徒聚集的地區，爲何某一區在經濟上的發展會優於另一區？如此，我們的確需要「結構的」因素來解答；其三，韋伯「首先有意想要建立一個因果關係」，那麼，爲何他只能在「相當有限的意義」之下才能進行呢？換句話說，如果韋伯眞如是觀，那麼，一開始他想建立的是因果關係，而非僅僅如施路赫特所言的「親合關係」而已。這或許因爲韋伯是想將「新教倫理」與「資本主義」之間的親合關係，包裝成因果關係，但施氏認爲並不妥當，筆者在這點與施氏的意見相近。

第二，筆者認爲，以下這段說明，更能看出施路赫特護衛韋伯的世界級聲譽。其實，從其書《現代理性主義的興起：韋伯西方發展史之分析》的副標題——「韋伯西方發展史之分析」——也同樣可以看出他的企圖，因爲他強調韋伯所談僅是「西方」特有的「發展史」，並且只是現代西方的「支配現世的理性主義」而已。施路赫特費盡其苦心，奮力爲韋伯緩頰。只是，韋伯的研究成果「只足夠做到讓人在西方文化的觀點下對重要結構比較加以辨認，並使它明白化……」，那麼，如果我們從「東方文化的觀點下」來辨認重要結構的話，也使其明白化，結果會是什麼呢？且讓筆者抒發己見。

實質理性爲何劣於形式理性？韋伯根本沒有加以比較，因爲他認爲傳統中國法在秦朝（之後）就已停滯了，故此無須比較。那麼，英國問題呢？英國是個普通法系國家，所以，與韋伯心目中最佳的法律體系無緣，法律充其量只能達到實質理性。另外，既然法律制度如此重要，而且，韋伯的確三不五時推銷他的最愛，也就是以德國民法爲理想範本的形式理性的法律[28]，那麼，這麼優良的制度照理應該會讓資本主義發展得更好才對，爲什麼英國無論在全球擴張中，在慘無人道的奴隸貿易航線上的船艙裡，都比德國展現更高的效率，進而累積更多資本（或財富）？除了韋伯看到（某種）經濟倫理或某種類別的法律制度之外，是否要考慮其他因素呢？應該是，可惜，韋伯留給我們的時間不夠，不然應該可以留下更多作品，無論是「行爲的」或「結構的」分析，即使二者都存在不小的問題。

在此，或許我們可以稍微回顧先前張維安教授的論點，他引用施路赫特的論點，說：「在《中國的宗教》一書中的分析，有一大部分是在結構層面，另一部分則是在文化、價值層面，雖然後者也可當作是一個意義結構的分析，但韋伯總是同時要考量大型的社會結構的運作，也要兼顧具體行動者的舉止意義。因此可說是兩者兼容。Wolfgang Schluchter〔施路赫特〕（1981）在《西方理性主義的興起》一書的重新詮釋中也指出，韋伯方法論適於解釋主觀意義和客觀的結構兩層現象[29]。」從以上這個段落看來，張維安對於「行動的韋伯」與「結構的韋伯」均持佩服的態度，似乎韋伯的分析能力無論是在主觀意義和客觀結構二層現象，均能游刃有餘。先前，筆者已用不少篇幅證明「結構的韋伯」分析能力實在有待加強，特別是對東方（中國）而言。碰巧地，施路赫特發現了「行動的韋伯」依然有難解的困境，施氏談道：「對他〔韋伯〕最重要的是下述的命題：宏觀社會學的分析還是必須立基在行動個人的或『集體的』諸歷史『個體』上，而非『整體』（即『系統』）上。」讀者對施氏這段話應該也有同感才是。韋伯的確還是認爲，若要瞭解社會，則必須瞭解行動者的主觀意義。然而，施路赫特也認爲韋伯行動概念的核心是：「在嚴格的意義上，一個人的行爲（*Verhalten*）要如何變成行動，『只有在行動者將它與一主觀意義連絡起來的時候』……〔只是個人〕『完全意識到且清楚，有意義的行動……在眞實裡往往只是一個邊際的例子』，相反地，『行動在對其『主體意識』模糊的半意識或無意識之下』，在「本能般或習慣地」完成才是正常的例子[30]。因此以新教徒爲例，行動者爲何努力地賺錢，除了少數的教徒「完全意識到且清楚自己爲何那麼喜歡賺錢」？更多的新教徒可能「本能地或習慣地」完成自己的「主體意識」而已；施路赫特暗示我們，新教徒未必知道他們爲何努力賺錢，不像「行動的韋伯」那麼肯定新教徒的內心世界呢！

第三，施路赫特認爲，韋伯的新教研究是片面性的，充其量它所能提供的只是「**具體歷史事實**〔粗體爲筆者所加〕」的部分圖像而已，並且，這種「片面性是與非眞實性

（*unwirklichkeit*）相伴生的」，一個不得不接受的事實是：「這兩者（**片面性與非眞實性）是歷史認識的特徵**〔粗體爲原文所有〕，沒有任何認識上的進步可以改變這個事實[31]」，這說法令人頗感無奈，似乎也讓人覺得不好意思苛責韋伯。即使如此，關於「具體歷史事實」的部分圖像一事，與「理念型」的操作有關。但爲何是「片面性」的呢？我們先前提到「新教倫理」與「資本主義精神」都是理念型，而理念型的特徵就是「片面性」，藉由強調某一（些）特徵，形成一種首尾連貫的解釋框架。所以，歷史只是「再現」?!若按施氏所言，上面這些話，說了還眞等於沒說，韋伯只是「再現」歷史，但不見得是歷史事實。明顯得很，這是讓韋伯逃避指責的、有高度技巧的做法。筆者的淺見是，該負責的人，還是得負責，無論他是不是大師韋伯。

我們至少概略地看過世界級韋伯專家施路赫特教授到底如何展現功力，爲韋伯這些年來所招致的批評辯護，而這本來就是號稱「韋伯專家」分內的事，無須給予特別的讚美。不過，禮貌上，我們對他的努力仍應給予肯定的態度，因爲這是鞏固西方知識體系所必要的；當然，這也得由非西方知識分子來幫忙，才會看到明顯一點的效果。本文「就近取材」討論兩位施路赫特的學生，他們在年輕時，從台灣負笈遠赴德國，後來，他們有幸從學於施氏，這是何等難得！能成爲一代宗師（韋伯）的傳人。他們分別是顧忠華教授與林端教授，我們先看前者的說法。

得意門生之「停滯」篇——顧忠華教授

施路赫特的兩位傑出台灣學生，他們分別是顧忠華教授與林端教授。筆者覺得，倘若我們可以用「勇於批評其老師的老師韋伯」為檢驗標準，不太敢批評者，稱之為「停滯」；相對勇武者，稱之為「進步」，那麼。我們或許可以宣稱，顧忠華之論點屬於「停滯」篇，林端為「進步」篇。我們先檢視前者。

顧忠華教授之洞見

先前，我們曾經提過，韋伯確實將「理性主義」視為西方「獨特的」產物，別處無可尋找，如果其他地方也有，那麼，韋伯的新教倫理與資本主義選擇性的親合關係（被韋伯包裝成因果關係），筆者也持此看法，也就可以「分享」給其他種類的「經濟倫理」。不過，若是堅持韋伯抱著如此獨斷的看法，認為理性主義只能出現在西方，那麼，恐怕也容易成為箭靶，因為韋伯是大師級人物，不太可能說出專斷、讓人覺得不可思議，顧忠華也這樣認為，並且以Friedrich Tenbruck（田布洛克）的看法來佐證自己的論點，顧氏說：「照田布洛克的詮釋，韋伯以亞洲或以色列的宗教、歷史、文化作為研究對象，正是從這個普遍的問題意識出發，想知道這些地區如何透過宗教與社會的辯證過程，曾經發展出不同的『經濟倫理』，而實際地影響過人類的經濟行為。」顧忠華認為，如果按照上述田布洛克的解釋，「理性化」是全人類的共通現象，故不應只限於西方。並且，顧氏認爲宗教倫理在塑造人類的理性上有不同的表現方式，不可一概而論。因此，顧氏總結道，在進行東、西文化之比較時，韋伯並非「狹隘地只問其他非西方文化中是否有類似基督新教倫理這樣的因素，也不是絕對地認爲凡沒有由此引申出的『經濟倫理』便發展不出合理的、現在西方資本主義式的經濟制度[32]」。

以上是顧氏的洞見，也是筆者認爲上述說法是他爲韋伯托穩大師地位的「標準做法」。先前我們提到「轉轍器」這個重要機制，在西方這部列車行使在具有轉轍器（新教倫理）的軌道上，東方則無。並且，這個轉轍器將西方列車帶往資本主義（理性化）的過程，讓這部西方列車在行包車裡累積大筆財富，包括美洲的橫財、最清楚自由可貴爲何物的非洲奴隸爲其「主人」創造的剩餘價值，以及將最後一個車廂裡的「農產品」鴉片煙賣到中國所賺取的暴利等等。爲了讓西方這部列車得以在世界上各個角落順利行駛，於是，歐洲列強將其最新生產出來的轉轍器安裝在所有西方列車可以行駛的非西方土地之上，並廣鋪鐵軌。因此，這些看得到轉轍器的非西方土地上，也同樣能夠看到「理性（主義）」的影子，這還得歸功於西方人的恩澤呢！這也是西方衝擊論（western impact）的核心論點。

韋伯復興的五大意義

關於施路赫特的門生之一顧忠華教授的論文，筆者在《社會學囧很大1.0》中，已引用不少顧氏之二〇〇五年對《韋伯的〈基督新教倫理與資本主義精神〉導讀》一書的看法，讓我們受益匪淺。另外，在《社會學囧很大2.0》中，我們對顧氏的論點：文化大革命掃清傳統主義的阻礙，使改革開放得以成功感到十分訝異，竟然有人可以遠赴德國，將韋伯的觀點如此幾近完整地複製回來，相信施路赫特教授如果讀過這篇文章的話，心中必定產生「作育功高」的眞實感受[33]。可以這麼說，依據顧氏的說法，只要破壞傳統，資本主義精神就可以成長茁壯，但是，顧氏可能忘記韋伯曾說過：這種精神（可能）一開始有用，後來也沒用了，也就是說，要發展經濟，還得需要其他的東西，像是槍砲彈藥，或是可以製造槍砲彈藥的鋼鐵、硫磺。雖然道聽塗說也未必只能擁有較差的眞實性，但言歸正傳。這裡我們來談韋伯、施路赫特的代言人之顧忠華教授，在二十一世紀初期，他所發現的「韋伯復興」現象，一共有五個，在此簡略瀏覽一下。

顧忠華總結五個要項，來說明他看到的「韋伯復興」。首先，顧氏發現韋伯不像馬克思，在解釋西方「獨特發展」的時候，同時兼備「精神」與「物質」兩面[34]。是故，韋伯能夠將各種形塑西方文明的因素——像是「宗教、政治、城市、中產階級、科層官僚制」——使其在西方整體發展史上扮演各自的角色，這些因素之間的交互作用「交織一幅幅更接近歷史眞實的多彩圖案」。顧氏認爲，韋伯對近代西方「理性的」各種制度，以及相對應的生活安排之解釋可謂相當完備。第二，顧氏認爲韋伯使用「理性化」這個概念，來「統攝了西方社會發展的基本性格」，再輔以「世界史」（universal history）的遼闊視野對於人類文明中之不同的「理性主義」類型加以比較。其研究對象更是「縱貫古今、橫跨東西」，涵蓋的題材堪稱包羅萬象，廣納全球各式各樣的多元性發展與解釋。第三，顧忠華心目中的韋伯，是一位勇於「面對高度複雜的歷史因果解釋與社會行動意義的理解問題」，於是，這樣的學者不可能採取化約論的做法。並且透過「理念型」超強的執簡馭繁功能，韋伯「冷靜而實際地」探討社會的運作律則與對生活世界的影響，韋伯「爲了層層剝開社會的實相，他更從事吃力繁重的概念定義工作，這些經由不斷錘鍊方始完成的思想結晶，象徵著社會學透過了成熟度的考驗」。對顧氏而言可以說，若沒有韋伯，就沒有社會學，正所謂「青出於藍、更甚於藍」。

第四，韋伯的某些立場難免受到質疑，但顧忠華認爲，新近的韋伯詮釋——包括其二○一三年之大作《韋伯學說當代新詮》這本書——不斷讚賞韋伯學說與研究發揮揚長補短的功能，並且讓韋伯的論點更加清晰。這點倒可以說是顧氏對韋伯詮釋的重要貢獻。第五，韋伯並非一味歌頌所謂的「進步」；相反地，在一個世紀以前，他就憂心忡忡地警告世人，我們將會看到「沒有精神的專家，沒有情感的享樂人」，並且，因爲科層制不斷擴張，箝制了人類的自由。換句話說，如果我們可以這樣形容，顧氏堅信，過度的「理性化」所引起的負面效果，韋伯比誰都擔心。另外，顧氏對韋伯的讚美似乎永遠不嫌多，他說，無須有「韋伯學派」，只要人們知道韋伯將學術作爲其個人之「志業」，並且以其「知性的誠實」（*intellektuelle redlichkeit*）爲基礎，爲社會（科）學盡一己之力，因而提醒我們注意對生活周遭個別現象之間的關聯，與如何理解文化的意義。不過，顧氏對我們耳提面命，韋伯從來都沒有想過要扮演「先知」，然而，他卻意外地「樹立一座精神標竿」，讓後世的社會學者能夠繼續向前行[35]。用顧忠華自己的話來說，「韋伯復興」的時代意義來自於他的研究。他發現，在所討論的內容底下，「幾乎一致肯定韋伯的學說與思想並未因時代變遷而有所褪色」，顧氏發現韋伯在一百（多）年前相當在意的問題，居然仍然存在相當大的「現實性」（actuality），吸引學者們前仆後繼地「詮釋、再詮釋」其著作，當然，這也是顧氏撰寫其專書《韋伯學說當代**新詮**〔粗體爲筆者所加〕》的理由[36]。

明顯得很，韋伯在顧氏內心的崇高地位，溢於言表。不過，筆者仍對顧氏「韋伯復興」的說法持不同的看法。首先，關於韋伯的方法論兼具「精神」與「物質」兩面向，在先前已指出，注重精神之「行爲的韋伯」只要一不小心就會掉落「（心理）化約論」的泥淖。不過，經由操作理念型，韋伯讓它看起來似有逃離化約論的機會，只是，筆者認爲效果有限。後來，聰明的韋伯又說：某種「經濟倫理」（或「精神」）在一開始有作用，但後來則失去作用，這種遁詞的確了不起。至於「結構的韋伯」則更沒有說服力，除了他不懂「傳統」中國義務觀的社會之外，他竟然還認爲「士、農、工、商」的排序是有經驗資料得以證實者。不過，先文已經證明這排序只是知識分子的理想而已，並不存在於現實生活中[37]。故此可知，「結構的韋伯」眞可謂乏善可陳。

第二，顧忠華認爲韋伯將「西方社會發展的基本性格」用「理性化」概念來加以包攝，再用廣闊的「世界史」視野來比較人類文明中相異之「理性主義」，因此，韋伯廣納各種多元性的發展和其解釋。另外，韋伯在研究中所涵蓋的材料更是極其寬廣。筆者與顧氏所言意見相左，因爲韋伯告訴我們「資本主義」、「理性化」乃是西方獨特之物，別的地方找不到，如果眞能找到，則其名著《新教倫理與資本主義精神》的論點便頓失地位。蓋「新教倫理」與「資本主義」的關係爲何？還是其他地方所找到的「理性主義」因爲與西方不同，所以，無法產生資本主義，以致於非西方不得不繼續扮演著追趕者的角色？

第三，在顧氏的心中，韋伯所面對的是「高度複雜的歷史因果解釋」和「社會行動意義的理解問題」，所以，這樣的學者不可能採取化約論的做法，而且，韋伯是「冷靜而實際地」探討社會運作的法則。這令人費解，爲何當一個人面對極其複雜的歷史「因果解釋」時，就自然而然地不會採取化約論的做法？另外，韋伯的臉部表情或許總是讓人覺得他「冷靜而實際地」處理所研究的問題，只不過，這樣的人為何一定能寫出一本具有說服力的著作呢？只因為他總是「冷靜而實際地」看待生活世界嗎？那麼，要如何證明？第四，顧氏認為，因為韋伯將東、西方進行比較研究，於是，我們對於非西方社會的觀點因而開廣了，並且對於非西方地區的轉型有幫助。這種觀點交融的機會，韋伯貢獻卓著。在先前分析中，我們耗費不少時間證明韋伯受到西方哲學二分法的影響，對於東方（中國）結構的分析不具說服力，並且將他想像的中國勉強塞進「傳統主義」的理念型，這乃是誤導人類思維的根源。最後，韋伯的確為了人類的未來流了幾滴眼淚，不過，對於德國人也從事過奴隸貿易卻隻字不提，是否其中有些人是虔誠的新教徒？韋伯應該沒想到自己意外成為「先知」，不過，筆者相信韋伯的子弟兵們（例如顧忠華教授[38]），其心裡應該會想，韋伯眞是名符其實的「先知」，只是不好明說而已。

從上述分析中，不難看出顧忠華教授的確是施路赫特的嫡傳弟子，幾乎將韋伯最重要的論點照單全收，不僅如此，他還發現了五個現象足以說明二十一世紀初的「韋伯復興」。顧氏還說，韋伯從來不認為自己是「先知」，但在顧忠華的心中，卻只能用「先知」來形容韋伯而已。

得意門生之「進步」篇——林端教授

林端教授對韋伯的法律社會學有些意見，雖然說，批評既有文獻只是基本的訓練課程，然而，許多「學者」在畢業之後，由於某些緣故——例如，「尊師重道」、「升等考量」，或純粹爲外務（物）所馭——導致不再習慣對現有文獻進行質疑與批判。我們接著討論學者林端，一窺其批判的想法。

先前，我們已經提過，施路赫特指導過的兩位來自台灣的學生當中，林端教授具有相對較強的批判力，特別是在其專長的法律社會學之領域裡，在筆者二〇一五年的《社會學囧很大1.0》一書曾稍加提及，因爲時間略久，請容略微重述，回顧林端教授對韋伯的批評，當然，這是林端的老師施路赫特（短期內）做不到的事。

超越韋伯：法律社會學

林端教授指出韋伯眞正的想法，他其實是想將中國的主政者描述成在其法律制度底下得以爲所欲爲，法規毫無拘束性，因爲中國法律重視的是實質公道，並且具濃厚的倫理色彩，以「實質—不理性」爲特徵。與西方進步的、現代的，與理性的制度相比，中國法律除了不重視形式邏輯之外，更是落後的、傳統的與非理性的。本文認爲，雖然林端教授指出韋伯的「研究目的」——拿中國法律對照於西方法律——是將中國當成西方的對應物。他明確指出，韋伯是受到二分法的影響，例如進步的／落後的；現代的／傳統的；理性的／非理性的，其解釋框架已經形成，韋伯所作的「研究」只是想方設法將中國法律套上「落後的」、「傳統的」，與「非理性的」帽子。至於內容會是什麼？韋伯根本不在意。事實上，他也無法在意，因爲他根本不瞭解中國法律爲何是「實質—（非）理性」？那是因爲法律制度乃是爲解決實際問題而設，當然有其邏輯，但無須具備形式邏輯。

林端認爲，在概念建構上，其實不容易摒棄韋伯所強調西方與中國兩極式的差異，因爲這確實有助於兩種不同特性的對比。但韋伯自己卻忘記，在特殊概念建構下對經驗事實的「理解」並不等同於經驗事實本身，此外，在分析資本主義起源時，韋伯爲了突顯西方（法律及其他面向）的獨特性，並說明西方與中國的二元對立，於是韋伯宣稱，整個中國法律體系自秦、漢之後是一成不變的，是「實質的—不理性」的司法體系[39]。簡言之，在韋伯的理念型操作下，中國法律「必須」一直處於停滯狀態，從秦朝到清朝都維持在傳統法的階段。筆者認爲，林端所言甚是，韋伯根本沒有進行「實質研究」，卻樂於將其掌握的少許資料塞進事先設好的「詮釋框架」裡，當中「理念（類）型」幫了他不少忙。

韋伯是林端的老師施路赫特最欣賞的學者，因此，林端在批評韋伯應該會儘可能保留韋伯大師的顏面，不像筆者從小修養欠佳，言語粗俗、氣貌不揚，或許是這些年來，在研讀筆耕中的小小遺憾吧？筆者認爲，韋伯完全不清楚中國傳統法律，不過，卻想以歐洲的經驗來「打量」中國傳統法律。另外，林端教授也批評韋伯（刻意）忽略西方社會同樣存在著民間習慣與常規，藉以提高西方制度法的重要性；另一方面則過度強調中國傳統法官的自由（乃至恣意）裁量權，同時突顯西方法官所受法規的拘束性。兩相比較，西方的法律制度具明顯的「優越性」。筆者覺得，這是韋伯被自己預先設定之「詮釋架構」（解釋框架）所限，而非「走入歷史」。是故，「結構的韋伯」根本難以「走出困境」。

事實上，傳統中國法律不分民、刑事，但區別命、盜「重案」與戶、婚、田、土、錢、債等「細事」，重案由官府審理，細事則主要由民間自行調解，調解不成，再由官府審理[40]。因爲只分「重案」與「細事」，所以，傳統中國法律不存在羅馬法當中的「民事」概念，也就沒有所謂的民法法典可言。不過，在明、清（或更早的朝代）成文法典的官府制定法之中，確實存在不少關於「戶婚田土錢債」的相關規定，當中涉及今日所界定的民事事項[41]。並且，清末之前，上至皇帝，下至升斗小民，沒有人聽過、也不可能知道「權利」的觀念，不過，亦不能像學者梁治平所言，在「欠缺權利概念」的情況底下，人民只能敦請官員爲職權之發動[42]。因此筆者覺得，在義務觀爲主的中國「傳統」社會，本來就難以產生「權利」意識，梁氏用「欠缺」二字，並不妥當。另外，多元格局乃是中國法律體系的特色，諸如官府制定法與民間習慣法並存，家族、行幫、宗教團體與村社組織等，各自有其組織、規章與制度，而這些業已制度化的規則，可在不同程度上被視為法律[43]。中國沐自秦、漢兩朝（西漢，西元前二〇二年～西元九年；東漢，西元二五年～二二〇年）以來，歷朝均以成文法條制定出「律」和各種典章制度。也就是說，傳統中國法體系自秦朝開始大致底定，這應是高度文明的展現，而非法律的僵化才是。韋伯自身卻囿於「傳統主義」理念型，反而將秦朝之「高度文明」視為「停滯的」、「僵化的」法律，這也是為何筆者在前著，提出以下看法：韋伯是理念（類）型的最大受害者，絕非受益者。

再追隨韋伯：中國劇變始自改革開放

剛才看到林端在二〇〇四年時，完成《韋伯論中國傳統法律：韋伯比較社會學的批判》一書，亦即我們所提過，看來，林端教授至少在法律社會學這個領域超越了韋伯。本來，筆者打算下結論，因為覺得林端教授足為學生的榜樣，不過，先暫緩一下，我們還得看林端在二〇〇七年，為《現代理性主義的興起》一書文後的〈譯者跋〉，我們先看他到底寫些什麼。看來，他與顧忠華教授文革讓改革成功的說法極為相似，這可能會讓人感到費解。

林端教授以親身經歷的台灣發展為例，他是戰後嬰兒潮之子，在冷戰時期出生，見證過一九五〇年代後期台灣的農業社會，搭上發展的列車，逐步邁向工商業社會。地緣政治上，台灣在一九七一年退出聯合國，一九七八年與美國斷交，在民主化過程中，一九八七年解除戒嚴，二〇〇〇年經歷政黨輪替，凡此種種，林端總結道：「一個看似僻處在東南海隅的台灣島，開始進入一個經濟、政治、社會、文化各方面劇烈變動的時代，**傳統社會**、**現代社會**與後現代社會多元並存在台灣社會裡……用**韋伯的話**來說，**西方現代理性主義**（粗體均爲筆者所加）的興起，是在幾百年的長期過程裡面逐步完成；日本則是明治維新後以一百多年的時間完成，而台灣卻壓縮在四、五十年內完成，而這種情形在今天的中國大陸，更被壓縮在三十年內要加以完成[44]。」

林端教授上述這段話，有幾個問題值得深思。首先，台灣從「傳統」社會轉變到「現代」社會，花了四、五十年的時間，看起來，也是從「農業」社會轉向「工（商）業」社會的時期，一直到二〇〇〇年（代）。在林端的想法中，台灣是個「傳統」、「現代」與「後現代」兼容並存的社會，即使他認爲台灣儼然已「由落後的第三世界國家，變成一個已開發的新興工業國家[45]」。換句話說，台灣仍受「傳統（主義）」所影響，而且還不是正面的影響。其次，當談到西方時，林端所言者就不是什麼「傳統」，而是「西方現代理性主義的興起」爲一長期發展的結果，由於很「現代」，故此也無須再談「傳統」了，也就是說，西方的「現代」（比起台灣的「現代」社會）顯得更「現代」，因爲「傳統」的阻礙都被逐個排除。這種說法，讓人覺得非西方知識分子的自信心似乎有待加強。第三，林端特別指出要「用韋伯的話」來說，指的是非西方社會（以中國爲例）在短短三十年（再加十年）內，很快地由「傳統」社會轉變成「現代」社會，這三、四十年前剛好也是文化大革命結束的時候，那時所有的「傳統」（舊）阻礙通通被剷除，所以，改革開放（進入「現代」社會）才能如此成功，但這不正是顧忠華教授所提出的謬論嗎？筆者認爲正是如此。如果顧氏（此時，可再加上林端）所提出的觀點是正確的話，那麼，只要聯合國派出一隊訓練充分的行伍，遠赴中低度發展的地域，用某種方法——例如「除舊布新」，將該地的「傳統」所造成的阻礙一併掃除，發展就指日可待。這說法應該沒有人會相信，所以，肯定是謬論。

筆者看到林端在《現代理性主義的興起》之〈譯者跋〉寫下這樣一段他的感想，覺得自己應該還是相信林端教授依然是大師韋伯的追隨者，甚至還是擁有些許熱情的粉絲。這就有點可惜，因爲林端教授在法律社會學的造詣上，遠勝於韋伯。

本章結語

記得兩、三個月前，電視裡有個節目在討論如何保持年輕有朝氣（所謂的「凍齡」術）。畫面中有三位演藝人員參與對話，主持人——有點沒禮貌地——問了當中一位較年長者，他說：「韋先生，人在上了年紀之後，即使化了妝，效果就顯得非常有限。」韋先生聽了後搖搖頭，嘴裡還繼續嘀咕著：「即使是像我這樣，到了某個歲數，上電視前的化妝還是有必要的，而且最重要的還是粉底。」於是他拿起樣品，逐項說起它的好處。原來，這是個電視購物頻道，這次賣的是一家新創公司最新開發出來的產品，也就是粉底，這位沒受過禮儀訓練的年輕主持人，用的是「諷刺」的手法，來突顯該產品的有效性。

在本節裡，我們看到「負面問題」（與「正面問題」）的問法，以及其超強威力，因爲它幾乎足以顚覆整個社會（科）學在學習者心中曾經有的地位，因爲這種提問法與研究者的價值判斷有關，亦與其解釋架構有關，稍有不愼，就可能陷入研究者自己挖的陷阱當中而難以脫身，大師韋伯即爲顯例。對於他頗爲自豪的西方社會，他提出了「正面問題」，最爲「經典」的就是：「西方現代何以成爲西方現代？」與「西方特有的理性主義何以興起？」這兩個問題。於是，研究者只須從西方文明中找到一些看似「獨特」之物，就可以不用「走進歷史」，因爲相信韋伯的粉絲們，根本也無須「走出困境」，只要「相信（韋伯）」就行了，不只一切平安，有些人還能夠名利雙收，享受一點榮華富貴。

綜合以上分析，我們看到不少學者們表達他們對大師韋伯的崇高敬意，讚嘆聲還依稀迴盪在耳邊。只是，從幾年前就開始「冒險」走向批評韋伯這條「離經叛道」的路，筆者一天比一天更確信，韋伯今天之所以擁有古典社會學巨擘的地位，其實是一場誤會。

換言之，筆者謝某認爲，韋伯絕不可能屬於底子深厚的演技派那一群藝人，無論我們談的究竟是「行動的韋伯」抑或是「結構的韋伯」。

◆註 解◆

[1] Gregory Blue（布魯），〈「中國」與近代西方社會思想〉，《中國與歷史資本主義：漢學知識的系譜學》（台北：巨流圖書，一九九三），第七九～一四六頁（頁一〇三）。

[2] 前揭書，第一一七、一一八頁。

[3] 請參照，例如，謝宏仁，《還原真相：西方知識體系建構下曲解的中國傳統法律》。

[4] Gregory Blue（布魯），〈「中國」與近代西方社會思想〉，《中國與歷史資本主義：漢學知識的系譜學》（台北：巨流圖書，一九九三），第一一一頁。

[5] Gary G. Hamilton, "Why No Capitalism in China? Negative Question in Historical, Comparative Research," *Journal of Developing Societies*," No. 2 (1985), pp. 187-211.

[6] 高承恕，《理性化與資本主義》，第一一三頁。

[7] 前揭書，第一一三頁。

[8] 王國斌，〈農業帝國的政治體制及其在當代的遺跡〉。

[9] 沃夫岡・施路赫特（Wolfgang Schluchter），《現代理性主義的興起：韋伯西方發展史之分析》，林端譯，初版（台北：台大出版中心，二〇一四），第五一頁。

[10] 高承恕，《理性化與資本主義》，第一一三頁。

[11] 依筆者的經驗，原則上，專業書籍是由作者自己撰寫「本書特色」（或「該書特色」）。通識類的書比較有可能是出版社的編輯群代為撰寫。

[12] 筆者認為，瞭解中國的研究者，應該難以成為所謂的「韋伯專家」，像是顧忠華、高承恕等等，其實「走進歷史」的程度並不深。但這正是弔詭之處，愈不瞭解中國者，愈可能成為韋伯專家。筆者倒有個可以算是優點的優點，因為不懂德語，所以，自己從來也不敢以「韋伯的批評者」自居，以免日後被社會（科）學界的前輩們圍剿，這可就算不上了。

[13] 請參照謝宏仁，《社會學囧很大1.0》，《社會學囧很大2.0》。

【14】顧忠華，《韋伯學說當代新詮》（台北：開學文化，二〇一三）。

【15】本段落節錄自顧忠華，《韋伯學說當代新詮》，封面底部之「本書特色」（「該書特色」）。

【16】陳婷，《盛世中國——康雍乾盛世》（北京：中國華僑出版社，二〇一五）。

【17】顧忠華，《韋伯學說當代新詮》，第一〇三頁。

【18】本段落節錄自施路赫特，《現代理性主義的興起》，封面底部之「本書特色」（「該書特色」）。

【19】呂愛華（林端之妻），紀念其夫林端教授之短文，就寫在〈譯者跋〉之後，在施路赫特之《現代理性主義的興起》，第四一三頁。呂愛華女士完成本文的時間為二〇一四年一月。呂氏撰寫本文的原因是，二〇一三年一月二一日凌晨時分，台灣大學社會學系林端教授，因心肌梗塞猝逝。當時，林端教授陪其老師施路赫特到佛光大學演講，遇此不幸，可謂痛失英才，林端教授得年五六歲。筆者聞此噩耗，正值撰寫《發展研究的終結：二十一世紀大國崛起後的世界圖像》一書，筆者相信林端教授是那種「比老師還優秀」的學者，特別是在「傳統」中國法的研究上，於是，謝某在該書的註解中表達哀悼之意。後來，《發展研究的終結》於二〇一三年五月由五南圖書公司出版。

【20】牟利成，〈馬克斯・韋伯：世界的祛魅與法律的理性化〉，《社會學視野中的法律：一種學科的與融合》（北京：法律出版社，二〇一三），第三～五〇頁（頁四六、四七）。

【21】高承恕，《理性化與資本主義》，第二一三頁。

【22】請參照謝宏仁，第一章〈儒家倫理與資本主義精神〉，《社會學囧很大1.0》（台北：五南圖書，二〇一六），第一七～五八頁。

【23】林端，〈譯者跋〉在施路赫特之《現代理性主義的興起》，第四〇六～四一一頁。林端教授完成本文的時間為二〇〇七年十月十八日。

另外，筆者認為，林端終日圍繞在與韋伯、施路赫特相關議題，與上述提及的「正面問題」：「西方如何成為現代西方」與「西方現代主義如何興起」的解決之上，但因為「答案方向」在決定問題之初即行確立，研究者將傾向為自己留下符合的「證據」，再透過忽略無法符合的材料，讓業已設定的問題可以得到解決。相信這在韋伯及其信仰者的研究當中不難發現，林端教授同樣應該也倖免於難。

接著，我們再想，除了「行動的韋伯」之外，還有個「結構的韋伯」。在先前章節中，筆者發現後者的分析能力欠佳，果若如此，我們應該期待「結構的」韋伯之子弟兵能做好結構的、歷史的研究（或實質研究）嗎？恐怕這並不容易。但或許在此並非下定論的最佳地點，因為韋伯的粉絲數以萬計，集結起來的力量不容小覷。

【24】前揭書，第四一二頁。

【25】高承恕，《理性化與資本主義》，第九九頁。

【26】施路赫特，《現代理性主義的興起》，第六三、六四頁。

【27】施路赫特，《現代理性主義的興起》，第二九一頁。

【28】形式理性的法律被韋伯視為法律最高階段的演進，優於實質理性的法律。不過，韋伯在世時即已發現他當時法律發展中一些「反形式」的趨勢，例如，在契約法之中「增加的特殊性」與契約內的實質內容受到日益增強的立法、司法之左右。韋伯認為一些「倫理的要求、功利和便利的規定，以及政治的訓示」等因素進入法律裡頭，這確實威脅到法律形式之合理性。只不過，韋伯仍然堅持這些都是邊緣的、次要的，也是無關緊要的，他堅持法律進化的過程仍然會朝向形式的理性化過程邁進。韋伯的預測與現代法學家的看法出入甚大，後者將「形式的法律之實質化」視為當前法律進展之主要特徵。請參見洪鎌德，《法律社會學》，二版（台北：揚智文化，二〇〇四），第三九七頁。

韋伯利用理念類型的方法，將法律分為四種：一、形式的非理性之法律；二、實質的非理性之法律；三、實質的合理之法律，以及四、形式的合理之法律，並且，其演進的方向由前至後。然而，我們卻看到韋伯明明知道某些因素正在「傷害」形式理性的法律，但他還是老神在在、不動如山，他只簡單告訴我們，人類最好的法律仍是形式理性的法律，請大家相信吧！

【29】Wolfgang Schluchter, *The Rise of Western Rationalism: Max Weber's Developmental History* (Berkeley: University of California Press, 1981)，引自張維安，〈行動與結構〉，第三三五頁。

【30】施路赫特，《現代理性主義的興起》，第一〇九～一一〇、一一四～一一五頁。

【31】施路赫特，《現代理性主義的興起》，第二九七～二九八頁。

【32】顧忠華，《韋伯學說當代新詮》，第三〇頁。

【33】請參照顧忠華，〈資本主義「精神」在中國：韋伯學說的當代意義〉一文。

【34】顧忠華的老師施路赫特稱韋伯方法論之「精神」與「物質」兩面兼具為「進化理論的最小限度計畫」。在《現代理性主義的興起》一書的〈導論〉之中，施氏分析四種處理社會發展問題的立場，其中，第二、三種都稱之為「新進化的」（neo-evolutionary）姿態出現，韋伯是第四種，即使受到「進化」觀的影響，也是在「最小限度」的範圍下，幾乎難以辨識。請參照施路赫特，〈導論〉，《現代理性主義的興起》，第四七～六五頁。

【35】顧忠華，《韋伯學說當代新詮》，第六六～七一頁。

【36】前揭書，第六六、六八頁。

【37】請參照謝宏仁，第二章〈還原真相：西方知識體系建構下曲解的中國傳統法律〉，《社會學囧很大1.0》（台北：五南圖書，二〇一六），第五九～一〇一頁。

【38】顧忠華確實用些篇幅批評韋伯，不過，他借用哈伯瑪斯（Jürgen Habermas）的論點，想必是非常同意他的論點。例如，哈伯瑪斯認為，韋伯並未成功地將「形式理性」與「實質理性」加以掛鉤，反而暗示著「生活世界」裡所有與價值、意義有關之「實質理性」終將為「形式理性」所淘汰，這與現實社會脫節。另外，哈氏亦提到，形式理性在各個「系統」──政治、經濟，與文化──獲得的支配力量會隨著時間流逝而「萎縮與喪失」，此將導致馬克思的「異化」現象。請參照顧忠華，《韋伯學說當代新銓》，第三六、三七頁。

【39】林端，《韋伯論中國傳統法律：韋伯比較社會學的批判》（台北：三民書局，二〇〇四）。

【40】不過，未必民間調解不成，即由官府直接審理，官府可能還是先以調解為主，若能達成和解，則官府就無須介入之。請參照：Philip C. C. Huang, *Chinese Civil Justice, Past and Present* (New York: Roman & Littlefield Publishers, INC., 2010).

【41】例如戶律婚姻門（男女婚姻）條：「……許嫁女，……輒悔……，笞……杖……，追還財禮」。戶門錢債門（違禁取利）條：「「……負欠私債違約不還者，……笞……，追本利給主」。請參照王泰升，〈法律史專題講座──第三講：傳統中國法律文明的盛行〉，《月旦法學雜誌》，第六三期（二〇〇〇，八月），第一二八～一三七頁（頁一三四）。

【42】梁治平，〈中國法律史上的民間法──兼論中國古代法律的多元格局〉，《中國文化》，第十五／十六期（一九九六），第八七～九七／一三五頁。

【43】Sybille van der Sprenkel. *Legal Institutions in Manchu China: A Sociological Analysis*, (London: University of London, the Athlone Press, 1962).

【44】林端，〈譯者跋〉，第四〇五、四〇六頁。

【45】前揭書，第四〇五頁。

第五章　國王新衣的下落

在安徒生完成童話故事《國王的新衣》之前，不知道他是否聽說過明朝這個遠東的帝國——一個向來被認爲長期處於停滯狀態的國度。故事中大臣與人民個個人云亦云，沒人說實話，以免得罪皇帝。安徒生筆下的國王，其臣子個個如此。一天，受騙了的國王穿著由兩位盜賊爲其縫製的「新衣」上街遊行，這衣服只有聰明的人才看得到，但每位大臣都礙於面子，絕不承認自己因爲笨，所以才看不到衣服，於是，每個人都讚美它樣式很潮，風格前衛，非常適合國王的身材。遊行後，國王果然滿意於找到了可以縫製自己喜歡的衣裳之裁縫師。日子一久，聽說那件衣服後來輾轉流落到東方，被人發現的時候，是由一位德國人穿著它，走在晚清的蘇州城裡。

在最後一章的開頭，我們前往蘇州城探訪那位穿著「國王的新衣」的德國人之前，也許我們可以回首來看先前走過的路，想想談過的話題。話不多說，我們從「理性」的船航行在「歷史」的海上談起。

「理性的」馬尼拉大帆船

有人用比喻的方式說，「理性」是船，航行在「歷史」的海洋之上，而且，因爲這船是專爲大西洋東岸製造的，無法航行在其他海域。這說法，聽來不甚合理。或許海水的溫度有些許差異，風向、雨勢，與洋流也對航行有影響，然而，如果這艘取名爲「理性」的帆船只能航行在大西洋的話，那麼，先前習得的（愈來愈趨「理性」的）航海技術到底有何用處？難道這船到了不同的海域，還得重新再學習新的航行技巧嗎？如果是這樣的話，取名爲「理性」的這件事本身就啓人疑竇了。

在十六世紀晚期的太平洋這個「歷史」的海，我們找到了被人們遺忘許久的馬尼拉大帆船，二百五十年來航行在東西兩岸之間，載運龐大的財富與利潤，提供高附加價值產品的能手，和驅動世界貿易發展的推手，正是被黃仁宇先生視爲「停滯的」大明帝國。近代西方人的先祖對明朝的高階手工藝品愛不釋手，不過，身處於「現代」西方人的後代（包括學者們）眼中所看到的卻是「落後殘破」的古老國度，這還眞令人匪夷所思！更不可思議的是，曾有一位號稱是明史專家的學者，竟然認爲明朝是個「無關緊要的朝代」呢！筆者認爲，從馬尼拉遠道而來「理性的」大帆船，是航行在太平洋「歷史」的海上，而且，即便換上另一個王國的旗幟，航海在大西洋，照樣可以順利平安地到達目的地。

「理性主義」這個理念（類）型，讓我們看到西方是如何崛起的，也讓我們見識了在西方知識體系「霸權」的影響下，非西方知識分子是如何地委曲求全。

走不進歷史也走不出困境

這裡，我們分爲兩個小點討論，其一是關於古典社會學三巨頭的事，但這點稍微偏離我們先前走的大路，而轉到小徑一瞧是否沿途有値得欣賞的小花小草；其二是社會（科）學將走不出困境。我們先轉向小路，再回到大道。

「囂張」的謝某喜歡讀史，但馬克思無比興趣

話說當年，大約是二〇一八年吧?!時間久了，倒也記得不太清楚了，就像人生走過許多小路那樣，沒有一條有清晰的印象。那一年的暑假有個研討會，好像與不懂中國的馬克思有關，有頭有臉的人都應邀參加擔任主持人或評論人，來爲後進者的論文指點迷津。

在那個場合裡，筆者謝某有幸在人生的大道與學術的小徑之交叉口，遇到了聽說是來自東岸[1]一位Shih姓的學者，坊間這樣流傳著，說是這位學者小有名氣，可能是因爲這樣，此「名人」開始對學術以外的事物感到無比的興趣。簡單說，這位學者在評論筆者

關於馬克思的論文——重點置於馬氏不甚瞭解中國歷史——之時，其主軸出人意料地圍繞在教導謝某如何使用「囂張」二字。依稀記得，他說：「自己從沒見過像你（謝某）這麼囂張的人了。」這樣的評論，讓人看不出任何與馬克思誕辰二百年的關係，倒是讓筆者謝某回想起來，原因八成（九成、甚至百分之百）與二〇一五年所完成的《社會學囧很大1.0》有關，因爲該書的副標題是「看大師韋伯如何誤導人類思維」。筆者猜想，在這個封閉的小島上，住著許多留學歸國的學人，一回到台灣教書，很快就忘記世界有多大，再也容不下不同的聲音了，而這或許是島上學術成果長久以來難以顯著提升的根本原因吧?!如果筆者謝某眞因爲寫了這本別名爲《囂張1.0》的專著，而得罪了（再也不敢公開宣稱自己是）韋伯的粉絲，那麼，二〇一九年的《社會學囧很大2.0》是不是讓謝某「罪加一等」？而若是再加上這本《社會學囧很大3.0》（或許可稱之爲《囂張3.0》）的話，那麼，今後，想必筆者應該會順理成章地成爲學術界的「全民公敵」。不過，爲了避免島上「知名」學者恃老而驕，反正已經夠「囂張」了的筆者謝某，日後也無須再爲「明哲保身」而煩憂，所有昭彰惡名，就由筆者兩肩扛起，雖然謝某絕非身強體壯之士，但謝某簡單的想法是，在學術界裡，日後將得罪眾人，卻是有益健康之事，還是得有人戮力爲之才行。筆者謝某不敢自居「身先士卒」，但力求堅持直到最後。

或許筆者稍微離題一下，但希望還能轉得回來。本書重點要指出，馬克思不懂中國，韋伯也是，而一開始根本也沒人期待涂爾幹會懂。古典社會學三巨頭，竟無一人懂東方（中國），而且韋伯竟然還被冠上「東、西方歷史比較研究大師」之榮銜。我們終於知道「不喜讀史」是社會（科）學的困境，但如何走出呢？請容「囂張」的謝某談談己見。

走不出的「困境」

筆者在本書指出，不少學者強調閱讀歷史的重要性。用學術一點的話來說，例如「走進歷史也就走出困境」，聽起來，對於社會學家不懂歷史這個問題而言，社會學家似乎找著解決之道。不過，筆者謝某倒是覺得，這樣的「答案」其實說了等於沒說，因爲二十一世紀初的今日，大家都太忙了，而閱讀歷史則需要更多的時間。所以，這種「困境」是個死胡同，至少在中、長期的未來是不樂觀的。

具體而言，只有對歷史感到興趣的人會讀點歷史，就像韋伯那樣。原本韋伯可望走出「困境」的，但筆者在前著業已指出，韋伯受限於理念型的解釋框架，再加上縱然他（應該）喜歡歷史，但受限於可到手的中文資料太少，自己又不懂中文，所以，「結構的韋伯」之分析能力令人存疑。當然，我們還是可以期待後起新人，能爲社會學開創另一片天。但爲何中、長期都走不出「困境」呢？最大的原因是二十一世紀初的今日，社會學家沒有時間，如此簡單。第一，要升等，就必須花上不少的時間寫作，還要迎合「主流的」說詞；第二，招不到學生，還得分點時間在這最要緊的行政工作上；第三，社會學與歷史學兩科系幾乎老死不相往來，根本不可能從對方身上學到什麼新事物；第四，也是最後的問題，閱讀史籍耗費很多時間，而且，經常無法看出重點何在，所以，大多數學者充其量只試個幾次，就打退堂鼓了。以上種種原因，讓「困境」看起來毫無解方，這真是一個讓人沮喪的狀況。

至關重要的明朝

明朝的重要性，應該可以從以下三件事看出端倪才對，但讓人訝異的是，黃仁宇竟然看不出來，反倒是執著於所謂的「數目字管理」，道出彷彿只有西方才懂得這套管理制度，其他地方怎麼學也學不會。不過，我們談一點大明帝國的重要性，或許，日後的研究可以在以下幾個面向多費點功夫。

首先，先前提過的《大明律》，是打從朱元璋上任之後，開始修訂，直到他卸任之後，整個修訂的工作才停下來，可以說，中國歷史上——甚至是世界上——並無出其右者，結果，沒得到讚美也就算了，竟然還被不少學者品頭論足，力陳明朝這個帝國完全不知上進，處於停滯憨愚的狀態。倘若洪武皇帝地下有知的話，一定覺得十分委曲。而且，在整個朝代裡，爲了因應社會變遷，與避免司法紊亂，《問刑條例》也在弘治、嘉靖，與萬曆年間數次修訂，這些豈不是中國「傳統」法律進步的明證嗎?應該是，只是韋伯已經告訴其子弟兵們，約莫兩千年以前，秦朝法律即已停滯了，這讓大家頓時啞口無聲，不敢繼續研究下去。

其次，明朝也因爲「海禁」之緣故，經常爲學者所指責，指謫竟不知國際貿易的好處，這是因爲主政者「內向性」的心態。不過，蒙古人的可怕，其實連歐洲人都清楚得很，朱元璋好不容易將蒙古人趕回草原，當然得好好把握住機會，讓其陸地邊界安全。於是，將兵力拉到了西邊、西北邊，結果，漫長的海岸線無兵可守，倭寇伺機而動，於是朝廷要人民遠離海岸。事實上，這是爲了防範蒙古人的侵略而採用的權宜之計。當然，西方知識體系的擁護者怎肯放過這個機會，當然得將明朝描繪成一個封閉的、停滯的國度，但這並非事實。朱元璋這位懂得讓人民休養生息的皇帝，沒得到讚美也就算了，竟落得如此下場。

再次，明初的鄭和七次下西洋應該是人類航海史上最重要的事件，可惜至今仍未受到太多注意。鄭和的船隊在一四二一年時，已航行到世界各地了，不只是非洲東岸，這裡中國人老早就去過了，還包括澳洲、紐西蘭，與南、北極等。哥倫布於一四九二年「發現」

的新大陸，事實上，根本不是一趟探險之旅，哥氏乃是拿了中國人繪製的地圖去美洲的，因為沒有人去探險還（可以）知道自己在幾個月之後會帶什麼東西回來給國王的。況且，當時的歐洲並無測量經度的能力，加上認為世界是有邊界的，如此漫無目的的航行，要如何「發現」美洲呢？這是不可能的。哥氏「發現」新大陸，在世界史上留下了太多的疑點[2]。

相信上述這三件事，應該已足以澄清大明帝國是個「無關緊要的朝代」這種謬論。

演技不佳的「演技派」韋伯

假定我們的審美觀（暫時）還算沒有問題的話，那麼，每當我們看到其貌不揚但歌聲奇佳者，通常，我們會認為這位歌手是實力派的；反之，歌聲普通，但樣貌特別好的歌手，那麼，我們應該不會期待這位歌手會因為歌聲而感動觀眾才是。我們的主角「大師」韋伯，是屬於後者，如果光是看其外表，他是西方人，眉宇之間，氣宇非凡，如果在演藝圈的話，韋伯看起來的確像是偶像級的「歌手」。在社會（科）學界，韋伯的作品雖不是老少咸宜，但絕對夠得上膾炙人口，然而這得歸功於他的造型設計師們，將韋伯包裝得像是演技派的藝人那般，讓韋伯在世界上各大舞台前，都有成千上萬的歌（影）迷為其「演技」喝采。只是，這麼大的排場，好像有點誤會什麼的，我們再來瞧瞧。

如果說這裡有兩位韋伯倒也合理，一個是「行動的韋伯」，此人擅長「瞭悟」，可在所謂的「歷史文化脈絡」當中設身處地爲別人著想。這位「行動的韋伯」看到有一群新教徒爲求榮耀上帝而孜矻營利，在這種非預期的情況下資本主義於焉誕生，因此我們得到西方爲何崛起，並成爲現代西方的理由了。可是，韋伯到底如何藉由「瞭悟」方法學，讓新教徒的內心世界變得透明而毫無隱藏呢？無人知曉。韋伯還告訴我們，新教徒們因爲害怕自己不是上帝預選的子民，於是乎，他們必須竭力賺錢以求榮耀上帝，順便也得意地告訴朋友說，我賺了大錢，對了，我的確是上帝預選的。可是，爲什麼這種「內在緊張性」必定會使教徒們想賺更多錢呢？難道沒有教徒因爲怎麼努力就是賺不了錢，從此灰心喪志？想必會有，只是韋伯對他們不感興趣而已，因爲他們是「一枚魯蛇」。所以，「行動的韋伯」其實也爲我們留下不少懸而未解的問題。那麼，「結構的韋伯」又如何呢？筆者猜想，韋伯可能知道自己扮演「行動的韋伯」說服力不佳，所以，才又有了「結構的韋伯」這個角色，沒想到，後者竟然也沒比前者好上多少，因爲後者根本不瞭解中國，我們又如何期待「結構的韋伯」能分析出什麼令人讚嘆的研究成果呢？這無異緣木求魚。

那麼，所謂的「演技派」韋伯到底還有哪些表演的套路還沒有學好呢？換句話說，大師韋伯到底因何誤導人類思維？筆者謝某在這尾聲，費了好一番工夫爲讀者整理了一些：

- 將「新教倫理」與「資本主義」之間的親合關係包裝爲因果關係。
- 用單面向的「經濟倫理」來解釋複雜的東西方之興衰起落。
- 運用理念（類）型的操作，經由「片面強調」，突顯出「經濟倫理」的重要性。
- 「停滯的」中國傳統法律竟然自二千年前就開始，那麼，治理能力應該值得學習。
- 過分篤信儒家士大夫心目中所勾勒出的理想圖像，像是「士、農、工、商」之排序，反而不去研究實際的情形。
- 專爲「傳統」中國提問「負面問題」之先驅，這讓歷史研究變得相對容易。
- 身爲東、西方歷史比較研究大師，卻忘記爲我們「帶回歷史」。
- 西方哲學的二分法，可說是社會（科）學的狂牛症，大師身受其害，根本無法治癒。

以上的八項演出技巧，如果韋伯（與其粉絲）願意學習與改進的話，相信還是可能成爲演技派演員，有朝一日可以角逐柏林影展的獎項也說不定，正所謂「活到老、學到老」，只是不清楚這與儒教倫理有無關聯而已？不過，好像也犯不著什麼事都得與某種倫理有關吧！

筆者謝某花費數年的時間，撰寫幾本批評大師韋伯的小書，不過，對於能否改變學者的心態與社會（科）學界的氛圍，筆者毫無把握。俗話說得好，「請神容易送神難」，這一點也不假。當我們已經將某人、物神格化之後，要再讓此人、此物回到平常的生活裡，這不容易。

最後，我們還得花點時間，找找國王新衣的下落。

國王新衣的下落

在遠方，穿著新衣的國王逐漸走近，形體愈來愈大，也愈來愈清晰，剛進入中年的國王，滿月過後的那一天看起來是趾高氣昂、神采奕奕的，想必是因爲身上穿了新衣的緣故吧！聽說，新來的裁縫師是有來頭的，曾經替不少王室成員量身訂製參與宴會的時髦衣裳。在通往皇宮的道路旁的白千層樹下方，好像有幾個小團體，三五成群、交頭接耳地談論著，沒有猜錯的話，應該是在討論國王新衣的款式。

聽說在十六世紀初時，這新衣就不見了，因爲這「新衣」與其他衣物極不相同，有可能是因爲很難收藏才導致遺失。經過二百多年，時間來到十九世紀中葉，聽說有一位德國人不知道從哪個二手商店買到那件原屬於國王的新衣，他帶著那件衣服，來到遠東的一個古老國度。最後，德國人的朋友領他進了蘇州城，這城眞是宏偉，令這個德國人感到訝異，因爲那時候的歐洲人好像還以爲這個遠東大國的人民停留在自給自足的生活。

休息了一整天之後，德國人穿著新衣到了蘇州的閶門外，這兒正是運河與城門濠溝的匯合之處，很多米糧的商人聚集在此。德國人在一家酒館店門前，意氣昂揚地向觀望者吹噓著其新衣精細的製作過程，以及設計師如何克服設計時所遭遇的種種困難。此時，一位從鄉下農村來的年輕婦人帶著她的三歲小男孩進城，爲了買件新衣服，因爲下個月這婦人的弟弟要成家了。

當小男孩經過這人群的時候，拉了拉媽媽的手大聲地說：「這個人沒有穿衣服！」語畢，全場一陣靜默。這名德國人臉色突然紅潤了起來，好像有什麼難言之隱。

附帶一提，那小男孩的表情，還眞有些神似小時候的筆者謝某呢！

◆註解◆

[1] 當時，筆者謝某就只聽到人家說「東岸」而已，因為參與人數眾多，光是寒暄一事都得花上不少時間，更遑論為了某一人而仔細詢問相關之細節。是故，僅僅知道這位（謝某之）啓蒙者確定是來自於東岸。不過，可惜的是，因為資料不足，至今仍然無法確定是台灣、美國，或是鄭和先生曾經造訪的非洲東岸，這倒是可惜。似乎無可避免地，筆者這種說法，可能會讓人想要「對號入座」，進而口誅筆伐呢！

[2] 請參照謝宏仁，第八章〈哥倫布是個騙子〉，《顛覆你的歷史觀：連歷史老師也不知道的史實》，增訂二版（台北：五南圖書，即將出版）。

家圖書館出版品預行編目資料

辻會學囧很大3.0：看大師韋伯因何誤導人類
思維／謝宏仁著. -- 初版. -- 臺北市：五
南, 2020.10
面； 公分
ISBN 978-957-763-549-5（平裝）

1.韋伯(Weber, Max, 1864-1920) 2.學術
思想 3.社會學

540.2 109015842

1JDY

社會學囧很大3.0：
看大師韋伯因何誤導人類思維

作　　者 — 謝宏仁（397.5）
發 行 人 — 楊榮川
總 經 理 — 楊士清
總 編 輯 — 楊秀麗
副總編輯 — 劉靜芬
責任編輯 — 林佳瑩、廖育信、吳肇恩、李孝怡
封面設計 — 姚孝慈
出 版 者 — 五南圖書出版股份有限公司
地　　址：106台北市大安區和平東路二段339號4樓
電　　話：(02)2705-5066　傳　　真：(02)2706-6100
網　　址：https://www.wunan.com.tw
電子郵件：wunan@wunan.com.tw
劃撥帳號：01068953
戶　　名：五南圖書出版股份有限公司

法律顧問　林勝安律師事務所　林勝安律師

出版日期　2020年10月初版一刷
定　　價　新臺幣320元